Wie knitze Schwaben die Welt veränderten

Jürgen Kaiser

Wie knitze Schwaben die Welt veränderten

Daheim verkannt – in der Welt bekannt

Die Deutsche Bibliothek verzeichnet diese Publikation in der Deutschen Nationalbibliografie; detaillierte bibliografische Daten sind im Internet über http://dnb.ddb.de abrufbar.

Augustenstraße 124, 70197 Stuttgart, Telefon 07 11/60 10 00, Fax 6 01 00 76, www.verlag-eva.de

Gestaltung und Satz: Cornelia Fritsch, Leinfelden-Echterdingen
Umschlaggestaltung und Illustration: Uli Gleis, Tübingen
Lektorat: Isolde Bacher, text_dienst, Stuttgart
Druck: CPI – Ebner & Spiegel, Ulm
ISBN 978-3-945369-82-1

Inhalt

Vorwort

Wie knitze Schwaben die Welt veränderten

Die Heimat verlassen – das macht kein Mensch wirklich freiwillig. Und wenn doch, dann immer mit dem Hintergedanken, einst wieder zu kommen. Denn Heimat, das heißt Wurzeln haben, eingebunden sein in ein Netzwerk, in Sprache, Haltung und Stil beheimatet zu sein. Das gibt man nicht ohne Not auf.

Das gilt für die Flüchtlinge heute genauso wie für die Auswanderer von hier früher. Not ist die Voraussetzung.

Zum einen ist das wirtschaftliche Not. Schwaben hat keine Bodenschätze. Das bisschen Eisen in Wasseralfingen bei Aalen reichte nicht einmal für gusseiserne Öfen für alle. Das Salz in Bad Friedrichshall wurde erst unter König Friedrich erschlossen. Daher der Name. Ansonsten musste man von dem leben, was das Land hergab. Das war wenig genug. Dazu kam noch das nur in Württemberg übliche Erbrecht. Dieses war sehr gerecht, sogar Mädchen und Frauen waren beim Erben gleichberechtigt. Das war einmalig in Deutschland. Diese Realteilung beim Erben führte aber über Generationen dazu, dass es fast nichts mehr zum Vererben gab. Aus großen Flächen wurden über die Jahrhunderte durch das Erbrecht winzige Parzellen. Wenn jetzt noch Kriege oder Naturkatastrophen dazukamen, gab es nichts mehr zu essen.

Dazu kam noch die politische Not. Absolutistische Herrscher, also Diktatoren, verkauften ganze Regimenter, um eine neue Residenz, wie etwa Ludwigsburg, zu bauen. Als Demokrat landete man auf dem höchsten Berg Württembergs, dem Hohenasperg. Nicht weil das Gefängnis für politische Gefangene so hoch lag, sondern weil es so lange dauerte, bis man wieder zurückkam. Das erzählte man sich über den im Volk so genannten „Demokratenbuckel“.

So wanderten viele Schwaben aus. Anfang des 18. Jahrhunderts folgten sie dem Ruf und den Versprechen von Kaiserin Maria Theresia und zogen die Donau hinab in die Batschka und ins Banat. 50 Jahre später rief sie die russische Kaiserin Katharina die Große. Sie zogen die Donau noch weiter hinunter und siedelten in Bessarabien und auf der Krim. Und ab dem 19. Jahrhundert zogen die USA die Schwaben magisch an. Zwischen 1806 und 1870 wanderte ein Fünftel der schwäbischen Bevölkerung nach Amerika aus.

Egal, wo sie auch landeten, überall erfüllte sich das alte Auswanderer-Sprichwort: „Den Ersten erwartet der Tod, den Zweiten die Not, erst den Dritten das Brot.“ Der Satz gilt heute noch.

Doch immer wieder waren ein paar dabei, die fielen auf. Sie hatten eine Idee, die sie schlitzohrig verfolgten und von der sie auch bei vielen Misserfolgen nicht abließen. Sie waren das, was man in Schwaben „knitz“ nennt: bauernschlau, schlitzohrig, verwegen, beharrlich und geheimnisvoll – also auch das, was man in Schwaben „helenga“ nennt. Das ist durchaus positiv gemeint. „Helenga“ heißt nicht nur „heimlich“, es ist ein altes Wort aus dem Staufer-Deutsch und steht für „geheimnisvoll“. So musste man sich schon verhalten, wenn man eine neue Idee hatte und diese auch umsetzen wollte. Es sollte ja nicht jeder gleich mitbekommen, um was es sich handelte.

Nach solchen „knitzen“ Schwaben habe ich gesucht – und sie im Ausland gefunden. In diesem Buch habe ich einige davon porträtiert. Sie alle zeichnet aus, dass sie mit ihren Ideen in Schwaben nichts werden konnten. Sie waren einfach nicht angepasst. Ihre Ideen konnten sie erst im Ausland entwickeln.

Wieder sind es fast nur Männer, die ich gefunden habe. Nicht, dass es keine „knitzen“ Frauen gegeben hätte oder geben würde. Ganz Schwaben ist bis heute voll von ihnen. Aber in den vergangenen Jahrhunderten haben Frauen fast keine schriftlichen Spuren hinterlassen. Noch bis vor wenigen Jahrzehnten konnten sie keine Verträge unterschreiben, ihre Unterschrift galt nichts. Entweder bestimmte der Vater, der Ehemann, oder wenn es beide nicht (mehr) gab, ein von der Gemeinde bestellter Vormund über sie. „Knitz“ waren sie auch – aber diese Eigenschaft brauchten sie zum Überleben, für Erfindungen und Entdeckungen reichte es nicht, wenn man ums tägliche Überleben kämpfen musste.

Natürlich entsteht kein Buch ohne Begleitung. Ich danke meinem Freund Dieter Skubski, der die Texte gegenlas und mich auf Schwäbisches ansprach, das ihm aufgefallen war. So habe ich bei der Recherche immer wieder neue knitze Schwaben entdeckt. Ich danke meinem Verleger Frank Zeithammer und seiner Projektleiterin Cornelia Fritsch, die immer wieder nach einem neuen Buch fragten, meinem Illustrator Uli Gleis, der mit spitzem Stift das Wesentliche der schwäbischen Seele trifft, und meiner Lektorin Isolde Bacher, die zielgenau Unverständliches zu Tage fördert und auf Erklärung pocht.

Besonderer Dank geht an meine Frau Christine, die meine Texte nach nächtlichem Schreiben morgens auf dem Frühstückstisch vorfand, zur ersten Leserin wurde und als begnadete Lehrerin als Erste den berühmten Stift ansetzte – gnädigerweise nicht in Rot, sondern schlicht in Graphit.

Jürgen Kaiser, Pfingsten 2019

Als die Amerikaner Bauhaus lernten

Hans Knoll

(8.5.1914–8.10.1955)

Florence Knoll

(24.5.1917–25.1.2019)

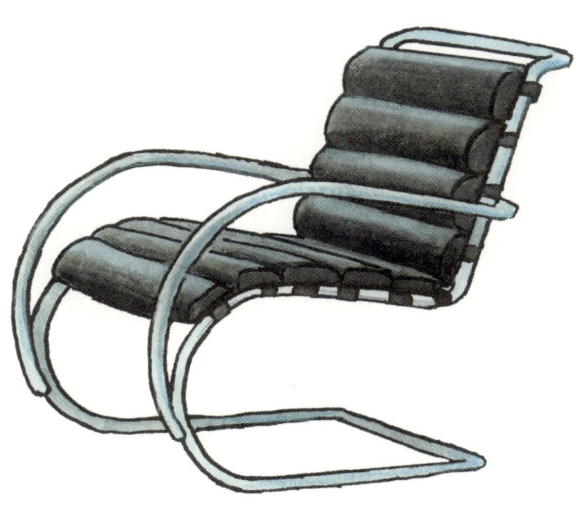

1960 hatte das deutsche Nachrichtenmagazin DER SPIEGEL wieder mal eine Geschichte zu bieten: Da erschien in den neuen Knoll-Ausstellungsräumen am Stuttgarter Neckartor ein Abgesandter eines Ruhrkonzerns und wollte für rund 4000 DM – damals eine ungeheure Summe – die vier Mies-van-der-Rohe-Sessel kaufen, die dort ausgestellt waren. Beim Gespräch ergab es sich, dass die vier Sessel zukünftig den Bereich des offenen Kamins eines Ruhrbarons zu zieren hätten. Der Stuttgarter Vertreter der Firma „Knoll Associates" aus den USA schmiss den Bonzenvertreter raus. Mies-van-der-Rohe-Sessel in einem deutschen Wirtschaftswunderwohnzimmer – undenkbar! So etwas Wertvolles gehört in einen öffentlichen Raum! DER SPIEGEL konnte sich nicht genug an dieser Geschichte austoben und die amerikanischen Designer mit ihrem „Haut-und-Knochen-Stil" gleichzeitig loben und durch den Kakao ziehen. Damals typisch für den SPIEGEL.

Amerikanische Designer? Na ja. Die amerikanischen Design-Ikonen konnten ihre Herkunft nicht verleugnen. Hans Knoll kam aus Stuttgart, Florence Schust, genannt „Shu" (sprich: Schu), war das Kind Schweizer Einwanderer in den USA. Beide verhalfen dem deutschen Bauhausstil zu internationaler Weltgeltung. Es ist ein Treppenwitz der Geschichte, dass ausgerechnet die Deutschen an dem vielgeschmähten Bauhausstil („Brutstätte des Kulturbolschewismus" nach Nazi-Lesart) Gefallen fanden, weil ihn die amerikanischen Besatzer nach Deutschland zurückbrachten und die Deutschen dachten, das sei amerikanischer Stil.

Hans Knoll wurde am 8. Mai 1914 in Stuttgart geboren. Sein Großvater Wilhelm Knoll hatte in Stuttgart eine Möbelhandlung für Ledermöbel aufgebaut und war so erfolgreich, dass er 1890 zum königlichen Hoflieferanten am Hofe Wilhelms II. von Württemberg ernannt wurde. Er gab seinen Betrieb an seine Söhne Wilhelm und Walter weiter. Walter, der Vater von Hans, machte sich 1925 mit einer eigenen Firma selbständig, die sich vom Deutschen Werkbund und dem Bauhaus in Weimar/Dessau inspirieren ließ.

Seine Mutter Maia war eine geborene Vollmoeller – Schwester des Rennfahrers und Flugingenieurs Karl Gustav Vollmoeller. Sohn Hans ging in Schloss Salem aufs Internat, absolvierte Praktika bei Geschäftspartnern in England und den USA und kam sich immer häufiger mit seinem nationalsozialistischen Vater in die Haare. Der Sohn dachte global und liberal, der Vater war ein glühender Verehrer der Nazis. Die Konflikte nahmen zu.

Hans Knoll lebte ab 1936 in England und hatte schon bald Kontakte zu Designern, Architekten und Künstlern, die aus Deutschland fliehen konnten. Dort lernte er etwa Sibyl Moholy-Nagy kennen, die Frau von László Moholy-Nagy, den die Nazis aus dem Bauhaus in Dessau vertrieben hatten und der bereits in den USA arbeitete. Seine Frau lebte noch in England, wartete auf ihr Visum und schrieb 1937 an ihren Mann in die USA über einen jungen Mann namens Knoll, der nur so vor Ideen sprudeln würde. Ihn sollte er in den USA im Auge behalten. Was er auch tat. Moholy-Nagy arbeitete später für die Knolls.

Hans Knoll emigrierte mit 23 Jahren 1937 endgültig in die USA. Dort lernte er die Design-Studentin Barbara Southwick kennen, heiratete sie im Januar 1939 und bekam mit ihr zwei Kinder. Nach wenigen Jahren waren sie wieder geschieden.

Hans Knoll wollte moderne Möbel gestalten. Dazu brauchte er modernes Design. Im Verhältnis zum Werkbund (Weissenhof in Stuttgart) und Bauhaus (Weimar/Dessau/Berlin) waren amerikanische Möbel entweder schlicht oder klobig. Oder protzig. Oder alles zusammen.

Die Form muss der Funktion folgen. Mit Knolls scheinbar einfachen Möbeln konnten während des Zweiten Weltkriegs vor allem amerikanische Institutionen etwas anfangen – dies jedoch eher aus Materialknappheit und weniger aus künstlerischen Ideen. Diese Aufträge hielten Hans Knoll über Wasser.

Sein Durchbruch kam, als er Florence Schust entdeckte und sie für die Mitarbeit an seinen Projekten gewann. Daraus wurde Liebe, die beiden heirateten 1946.

Florence Schust wurde am 24. Mai 1917 als Kind Schweizer Einwanderer in Saginaw, Michigan, geboren. Die Tochter eines Bäckers studierte Architektur an der Cranbook Academy of Art in der Nähe von Detroit. Direktor war der Finne Eliel Saarinen, der eine Art Kopie des Bauhauses Dessau in den USA schaffen wollte. Diese Akademie wurde zum ersten Brennpunkt modernen Designs in den USA. Florence Schust war früh Waise geworden. Eliel Saari-

Hans und Florence Knoll

nen nahm sich ihrer an und sie wurde Teil der Familie. Zusammen mit dem Sohn Eero Saarinen (später arbeitete er als Designer für die Knolls) wuchs sie auf und durfte die Familie mehrmals in deren finnische Heimat begleiten, wo das schlichte, einfache finnische Design einen großen Eindruck auf sie machte. 1938 bis 1939 studierte sie Architektur in London und ging dann nach Boston, dort wurden die aus Deutschland geflüchteten Bauhaus-Koryphäen Marcel Breuer und Walter Gropius ihre Lehrer. 1941 schloss sie ihre Studien am Illinois Institute of Technology in Chicago ab, das unter der Leitung von Ludwig Mies van der Rohe stand und dessen Schülerin sie wurde. Kurz gesagt: Sie kannte alle Stars der Designer-Szene persönlich.

Langsam wurde Hans Knoll mit seinem Unternehmen erfolgreich. Was ihm fehlte, war eine Innenarchitektin. Florence Schust arbeite ab 1943 an kleinen Projekten mit, überzeugte immer mehr, die Liebe kam hinzu und so wurde sie Partnerin. Auch in geschäftlicher Hinsicht. Ab der Hochzeit hieß die Firma „Knoll Associates". Zugleich gab es ein neues Geschäftsmodell. Die Assoziierten waren keine Anteilseigner, sondern selbständige Partner, die einzelne Produkte in die Firma einbrachten, mit ihrem Namen versahen und pro verkauftem Exemplar honoriert wurden. So konnte Florence Knoll ihren ehemaligen Lehrer Mies van der Rohe überzeugen, seinen bei der Weltausstellung 1929 herausragenden Polsterstuhl Barcelona® Chair urheberrechtlich zur Verfügung zu stellen. Die Firma verkauft es heute noch unter seinem Namen. Die zweite Idee war, die Möbelstücke nicht selbst zu produzieren, sondern mit ausgesuchten Handwerkern Verträge zur Herstellung abzuschließen. Deshalb zog die Produktion von New York nach Pennsylvania. Florence Knoll begründete den Umzug mit der Tatsache, dass in Pennsylvania die Handwerker meist deutschstämmig seien und deshalb dort am genauesten gearbeitet würde.

Die beiden waren ein Traumpaar. Erst privat, dann auch beruflich, am Schluss nur noch beruflich. Ein Mitarbeiter beschrieb Hans Knoll als „perfekten Geschäftsmann": „Er konnte alles verkaufen. Er war immer am Verkaufen – sich, sein Produkt, die Firma. Für ihn machtest du alles!"

Florence Knoll war die Kreative mit Beziehungen und Netzwerk. Schon früh richtete sie am Hauptquartier in New York eine „Planungseinheit" ein. Hier wurde im Kreis der Kreativen jedes Detail geplant. Daraus entstand eine Idee von „Raumplanung", als es das Wort noch gar nicht gab. Sie hatte schlicht die Idee, „Möbel von den Räumen her zu entwerfen, in denen sie einmal stehen sollten". Florence Knoll bezeichnete das als „simplen Gedanken – aber einen von den simplen Gedanken, über die sich niemand Gedanken macht". So entstand der „Knoll-Stil", der dann auch in Eu-

Florence und Hans Knoll mit Mitarbeitern am Besprechungstisch

ropa Fuß fasste. Das Design reichte von der Wandfarbe, den Textilien bis zur Gestaltung der Aschenbecher. Die amerikanischen Besatzungsbehörden importierten den Stil nach Europa in ihre Einrichtungen und beauftragen die Knolls, die überall entstehenden „Amerika-Häuser" zu gestalten – als Werbung für den american style of life im Kalten Krieg. Auch das Stuttgarter Amerikahaus wurde von den Knolls gestaltet.

Florence Knoll lernte gegen Ende des Zweiten Weltkriegs Nelson Rockefeller kennen. Der war gerade dabei, einen neuen Wolkenkratzer zu bauen und sich eine ganze Etage als Büro einrichten zu lassen. Sie bekam den Auftrag, sich mal etwas einfallen zu lassen. Florence Knoll startete eine Revolution. Statt Skizzen zu machen, befragte sie alle Mitarbeiter nach ihren Arbeitsbedingungen, Stellenbeschreibungen und persönlichem Arbeitsstil. Und entwarf dazu die passenden Möbel. Einem Kommunikationschef, der selbst nichts schreiben musste, stattdessen ständig in Mitarbeiterbesprechungen saß, gestaltete sie einen Besprechungsraum als Büro ohne eigenen Schreibtisch, neben seinem Platz am Besprechungstisch war ein kleiner Beistelltisch mit Telefon, Diktiergerät und Sprechanlage. Mehr nicht.

Rockefeller war begeistert. Dies sprach sich herum und die Knolls erhielten Aufträge von IBM und vom Direktor der Columbia Broadcasting System CBS – damals einer der drei großen Radio- und TV-Giganten der USA.

Fast alle überlebenden Bauhausstars brachten Entwürfe für die Knolls ein. Gleichzeitig waren diese immer auf der Suche nach neuen Talenten und förderten sie. Knolls Design schaffte es auf der ganzen Welt.

Dem Charme und der Professionalität von Florence Knoll konnte sich niemand entziehen. Nur bei Hans ließ die Wirkung nach. Als er am 8. Oktober 1955 in Matanzas auf Kuba bei einem Autounfall ums Leben kam, starb seine Freundin an seiner Seite. Florence und Hans hatten angefangen, getrennte Wege zu gehen und sich über die Scheidungsbedingungen zu verständigen. Da passierte der Unfall.

Florence Knoll übernahm die Firma und leitete sie bis 1960. Danach blieb sie mit ihren Ideen der Firma noch immer verbunden. 2002 nahm sie im Weißen Haus in Washington die höchste staatliche Auszeichnung der USA für Designer und Künstler entgegen. Im Januar 2019 ist sie mit 101 Jahren gestorben.

Schaut man sich heute Möbelkataloge der ganzen Welt an, erkennt man überall den Einfluss des Bauhauses. Weltweit verbreitet aber haben diesen Stil (auch) die beiden Knolls.

Hans Hohner

(25.4.1870–18.5.1927)

Das hatte gerade noch gefehlt! Streng erzogen im schwäbischen Pietismus, sich von Gott berufen gefühlt, aber zugleich auch immer unsicher, ob man noch auserwählt ist, zu den „Frommen“ gehören zu dürfen, deshalb im täglichen Leben bestrebt, sich durch rigorose Ethik und Arbeitsethos ständig zu beweisen, schwängerte Matthias Hohner seine Cousine Anna. Ein Skandal! Erst recht in einem schwäbisch rückständigen Nest wie Trossingen im frühen 19. Jahrhundert, wo jeder über jeden Bescheid wusste und beobachtete. Also wurde zügig geheiratet, um nicht zu sagen: sofort!

Aus dieser Ehe gingen neun Töchter und sechs Söhne hervor. Ein Sohn und zwei Töchter starben jung.

Alle wurden sehr streng im pietistischen Geist erzogen. Nur die beiden jüngsten Söhne, Hans und Willi, wurden aufmüpfig. Sie waren an Schulen in England und in der Schweiz und hatten die bürgerliche Welt kennengelernt – also in den Augen des Vaters und der ältesten Söhne „die sündige Welt“, wo Verschwendung, Luxus und Müßiggang die Regel waren. Jede Menge Familienstreit war so vorprogrammiert.

Den Skandal verursachte Hans! Er schwängerte 1899 das Dienstmädchen der Familie. Vater Matthias rastete aus. Das Dienstmädchen wurde finanziell abgefunden und entlassen, das Thema zum Tabu erklärt und Hans in die USA abgeschoben.

Er war schon vorher einmal dort gewesen.

Vater Matthias Hohner hat die Mundharmonika nicht erfunden. Das war eher Christian Messner aus Trossingen, der das Holzblasinstrument zum Stimmen von Klavieren in ein eigenständiges Musikinstrument verwandelte, schwäbisch „Goschenhobel“ genannt. Die Gegend um Trossingen, Villingen und Schwenningen war ein klassisches Auswandergebiet in die USA und so nahmen die ersten Auswanderer die kleinen Instrumente mit ins neue Land. Dort wurden sie schnell zum besten Begleiter gegen Heimweh, so dass immer wieder Nachfragen nach Deutschland kamen. Einen ersten Erfolg erreichte Hohner, als ein Nürnberger Spielzeughändler bei ihm eine Halbjahresproduktion auf Kommissionsbasis für den Markt in den USA bestellte – das finanzielle Risiko trug dabei ganz und gar Matthias Hohner allein. Deswegen stand er im Briefwechsel mit ausgewanderten Trossingern, die ihn ermutigten, den Schritt zu wagen, was er dann auch tat. So wurde der amerikanische Markt zum wichtigsten, wenn auch kleinen Auslandsgeschäft von Vater Hohner.

Das war ein Markt, den er nicht verstand. Exporteure kauften die Musikinstrumente in Trossingen ein, Importeure in New York übernahmen die Ware, die sie wieder an ihre Grossisten in den einzelnen Staaten weiterverkauften, die sie wiederum an die Einzelhändler verkauften. Und alle verdienten an den Instrumenten. Vater Hohner sandte also 1890 seinen zweitjüngsten Sohn, Hans, ohnehin das Sorgenkind der Familie, in die USA, um die Gesetzmäßigkeiten des Marktes zu erkunden. 1892 reiste Hans erneut in die USA, aber dieses Mal musste er seinem Vater einen genauen Reiseplan vorher zur Genehmigung vorlegen, den dieser rigoros zusammenstrich. Auch bekam Hans genaue Anweisungen, wie er sich zu verhalten hatte. Daraus sprach die Angst, die Kontrolle über seinen Sohn Hans zu verlieren, was denn auch geschah – siehe schwangeres Dienstmädchen.

Als dies 1899 geschah, musste Hans sofort in die USA abreisen. Dort hatte er sich um das Amerika-Geschäft zu kümmern. Allerdings nur um den Verkauf, produziert wurde ausschließlich in Deutschland.

Doch in den USA war eben alles anders. In Deutschland galt die Mundharmonika als Geschenk für Jungen, spätestens zur Konfirmation bekam jeder eine geschenkt. In USA war es das Instrument der Einwanderer, die sich in Vereinen trafen und miteinander musizierten. Und im Süden wurde es das Instrument der Sklaven auf den Baumwoll- und Reisplantagen. Nichts trug die Klänge des Blues besser in die Welt hinaus als der schwäbische „Goschenhobel".

1900 zog sich Matthias Hohner zurück und übergab sein Geschäft an seine fünf Söhne. Durch einen detaillierten Vertrag machte er sie alle zu gleichberechtigten Chefs und verfügte, dass sie Beschlüsse stets einstimmig zu fällen hätten. Da aber Hans in den USA saß, führte dies zu umfangreichem Briefwechsel, der erhalten blieb. Weil der älteste Sohn Jakob sich als der neue Patriarch

Die Söhne der Familie Hohner

sah, alle älteren Söhne zusammen als Bremser auftraten und der jüngste Sohn, Wilhelm, immer ignoriert wurde, wenngleich stimmberechtigt, waren Chaos und Konflikte vorprogrammiert.

Zumal Hans der kreativste, risikoreichste und wagemutigste Kopf der Brüder war. Verbannt nach den USA.

Er erkannte schnell, dass viel zu viel Zeit und vor allem Geld im Zwischenhandel liegen blieb. So baute er nach zähem Ringen mit seinen Brüdern eine eigene amerikanische Firma auf, um wenigstens das Import-Export-Geschäft in die eigene Hand zu bekommen. Erst 1904 gelang ihm der Durchbruch, als er persönlich Kontakt zu den neuen Versandhäusern Sears, Roebuck und Montgomery Ward aufnahm – ein Schritt, den seine Brüder überhaupt nicht verstanden. Solche Logistikunternehmen waren in Deutschland unbekannt. Zweimal im Jahr brachten sie ihre umfangreichen, toll aufgemachten Kataloge in die fernsten Winkel der USA. In ländliche Regionen wurde kostenlos geliefert, es entstanden keine Post- und Bahnkosten. Für die Familien auf den Farmen tat sich eine Welt auf. Hans entdeckte schnell die Bedingungen dafür: absolute Lieferzuverlässigkeit, die Ware musste genau der Beschreibung im Katalog entsprechen. Diese Bedingungen müssen ihn schlaflose Nächte gekostet haben, denn den Brüdern war das alles fremd. Lieferungen wurden nicht rechtzeitig fertig, technische Änderungen wurden im Herstellungsprozess vorgenommen, die Modelle waren handwerklich fertiggestellt und sahen eben nicht identisch aus. Hans standen die Haare zu Berge. Er schrieb nach Trossingen: „Bei den Sorten für Sears, ... aber dürfen keine Änderungen vorgenommen werden, sondern dieselben müssen stets so beschaffen sein, wie sie in den Katalogen illustriert sind. Diese Regel ist schon so alt wie Methusalem!“ In den Briefen redete er seine Brüder mit „Sie“ an: „Wir geben uns ... die denkbar größte Mühe, Sears ganz in unsere Hände zu bekommen, und Sie dort arbeiten fortwährend gegen uns ... Anbei senden wir Ihnen eine weitere Reklamation ... zur gefälligen Kenntnisnahme.“ Und: „Wir denken, es wäre endlich an der Zeit, dass Sie derartige Orders mustergetreu ausführen.“ Solche Briefe füllen Bände.

Hans Hohner setzte außerdem auf den Einzelhandel in den Städten. Der bekam oft zwar die gleichen Modelle wie der Versandhandel angeboten, aber immer mit anderen Namen und anderen Deckeln. Die waren bei Hohner immer aus graviertem Metall. Das machte sie wertvoller. Auch wurde jede Mundharmonika in einer besonderen Aufbewahrungsschachtel angeboten, die mit unterschiedlichen Motiven bedruckt waren. Als Hans Hohner herausfand, dass bei Mexikanern leicht geöltes Einwickelpapier gut ankam, wurden die Mundharmonikas eben entsprechend eingepackt und die Absatzzahlen gingen in die Höhe.

Schon früh setzte er auf die neuesten Medien. So war er beim Aufkommen der Plakate ganz vorne mit dabei. Für die Schaufenster der Einzelhändler schuf er einen besonderen Pappkameraden, den „Hohner Boy". Komplette Schaufensterdekorationen konnte man bei ihm bestellen. Die füllten dann das ganze Schaufenster aus und der Händler musste unterschreiben, keine Konkurrenzprodukte zu zeigen. Zugleich schrieb er einen Wettbewerb unter den Einzelhändlern aus und das schönste Schaufenster wurde mit Geldpreisen belohnt. Seinen größten Coup landete er mit dem „Hohner-Obelisk". Das war ein durch ein Uhrwerk sich drehender Turm von einem Meter Höhe, der Hohner-Modelle präsentierte. Aufwendig in Mahagoni hergestellt, nahm der Obelisk einen ganzen Thekenplatz ein, war aber der Hingucker in jedem Laden. Natürlich passten nur Hohner-Modelle hinein. Diese musste der Händler aber dann auch alle vorrätig haben. Ein Jahr nach Einführung hatte Hans Hohner bereits 15 000 Stück des Obelisken verkauft.

Als Kapellmeister John Philip Sousa – Komponist der meisten heute noch gängigen US-Märsche, seine Mutter stammte aus Hessen – Hohners Mundharmonika lobte, brachte Hohner das Modell „Marine Band Model" heraus, das zum Verkaufsschlager wurde. Gleichzeitig begann seine Unterstützung von verschiedenen Künstlern und Bands. Bedingung war: Sie mussten Mundharmonika spielen. Das funktionierte später immer noch. So wurde auch Johnny Cash gesponsert, auf Hohners Mundharmonika zu spielen.

Am 16. Juni 1914 brach Hans Hohner zu seinem jährlichen Besuch in Deutschland auf. Er hatte sich angewöhnt, einmal im Jahr nach Trossingen zu kommen und in Deutschland verschiedene Sanatorien zu besuchen. Denn er litt an Rückenmarksschwindsucht, die ihn immer unbeweglicher machte. Bei seinen Besuchen konnte er sich dann auch lange mit seinen Brüdern auseinandersetzen. Alles ließ sich über Briefe nun doch nicht regeln.

Nun saß er in Deutschland fest. Die USA traten zwar erst 1917 in den Ersten Weltkrieg ein, aber eine Überfahrt über den Atlantik war wegen der englischen und französischen Flotte viel zu gefährlich. Nun half er seinen Brüdern, sich im Krieg einzurichten.

Clever wie sie waren, ergatterten sie einen Marineauftrag und wurden damit kriegswichtig, nämlich den Auftrag, Zünder für Minen herzustellen. Dafür brauchte man Messing und Zink. Beides war rationiert. Messing und Zink brauchte man aber auch für die Mundharmonikaherstellung. Bei der Produktion der Minenzünder gab es viel Abfall, den niemand kontrollierte. Außerdem stellten sie immer ihre für die Harmonikaproduktion wichtigsten Leute in die Zünderproduktion ab, so dass diese „u.k.“ – unabkömmlich – wurden, also nicht an die Front mussten. Und sie gründeten in der Schweiz mit Schweizern eine neue Firma. Zufällig waren das ihre seitherigen Schweizer Mitarbeiter. Damit konnte über die Schweiz auch weiterhin der Weltmarkt beliefert werden.

1903 hatte Hans Hohner die Amerikanerin Carrie Birk kennengelernt. Sie war die Tochter von Jacob Birk, einem angesehenen Brauereibesitzer aus Chicago. Welch Wunder! Jacob Birk war einst aus Trossingen ausgewandert. Hans Hohner beantragte 1905 die amerikanische Staatsbürgerschaft, konnte aber wegen zunehmender Bewegungsstörungen und Nierenleiden die notwendigen Termine nicht einhalten, so dass die Papiere liegen blieben. Nach wenigen Jahren trennen sich die beiden kinderlos, blieben aber verheiratet und beide vereinbarten eine auskömmliche Apanage für ihren Lebensunterhalt. Im Dezember 1919 kehrte Hans Hohner in die USA zurück, nahm die Geschäfte wieder auf und beantragte erneut die amerikanische Staatsbürgerschaft. Nun galt es fünf Jahre lang zu warten. Am 20. April 1925 wurde er US-Amerikaner. Er nahm seine jährlichen Fahrten nach Deutschland wieder auf und verstarb am 18. Mai 1927 in der Kur in Bad Rothenfelde.

Während des Ersten Weltkrieges hatten die Brüder unter Führung von Hans noch einen Coup gelandet: Sie verkauften ihre Mundharmonikas gleichzeitig an die deutsche, englische und amerikanische Armee. Dazu hatten sie ja die neutrale Schweizer Firma. Mit Edelmetallen von deutschen Minenzündern. Natürlich waren die Deckel der Mundharmonikas immer an den Nationen orientiert. Stars and Stripes mit amerikanischen Soldaten auf den amerikanischen, die Bulldogge mit dem Union Jack auf den britischen und die Pickelhaube mit „Siegreich woll'n wir Frankreich schlagen" auf den deutschen. Wenn nachts in den Schützengräben von Verdun, Flandern und Reims das Heimweh grassierte, half nur die Mundharmonika. Sie erklang auf allen Seiten. Alle waren sie aus Trossingen. Mein Großvater hatte auf dem „Kanonenberg" bei Massiges in der Champagne auch seine Hohner mit dabei.

Der Diät-Papst der US-Amerikaner
kam aus Tübingen-Kilchberg

Gayelord Hauser

(17.5.1895–26.12.1984)

Ein Quacksalber sei er, ein Scharlatan, ein Blender sowieso und außerdem sei auch noch sein Doktortitel falsch. Letzteres war richtig, der Rest Ansichtssache und die Kritik an ihm durch die Ärzte Amerikas wurde nicht besser dadurch, dass auch die Zucker- und Weizenlobby jahrzehntelang in ihm einen ihrer Lieblingsfeinde sah. Dafür bewunderten ihn die Hollywood-Stars, seine Partys in Taormina auf Sizilien waren legendär und die Hollywood-Diven gaben sich bei ihm die Klinke in die Hand.

Helmut Eugen Benjamin Gellert Hauser wurde am 17. Mai 1895 in Tübingen-Kilchberg als Sohn des Schulmeisters Christian Hauser und seiner Frau Agathe Rothe geboren. Mit 16 Jahren hatte er genug von Württemberg. Mit Einwilligung der Eltern zog es ihn zu seinem Bruder Otto Hauser, der in Chicago mittlerweile ein Prediger der Baptistengemeinde geworden war und die erste deutschsprechende Baptistengemeinde in den USA gründete. Später wurde er Politiker der Sozialistischen Partei der USA und Gründer von „American Relief for Germany" – einer der 22 Organisationen, die Geld für CARE-Pakete nach Deutschland sammelten und sie verschickten. Otto Hauser sammelte 3,5 Millionen Dollar für seine CARE-Pakete ein. Er war nicht der Einzige in der Familie, der ein solch gewinnendes Verkaufstalent besaß.

Benjamin Gellert Hauser reiste tief unten im Schiff nach den USA und wurde auf der Insel Ellis Island in New York am 14. August 1911 als Einwanderer akzeptiert.

Nun lag Amerika offen für ihn. Aber kurz nach seiner Ankunft erkrankte er an Gelenk-Tuberkulose in der Hüfte. Antibiotika waren noch nicht erfunden und so war er dem Tod geweiht. Nach verschiedenen Operationen gaben ihn die Ärzte auf und sagten ihm, er solle sich auf seinen Tod vorbereiten. Als „hoffnungsloser Fall" aus dem Krankenhaus entlassen, suchte Hauser einen Heilpraktiker auf, der ihm warme Bäder, Schlammpackungen und Kräuter verschrieb. Hauser ging es besser. Der Heilpraktiker erzählte ihm, dass es in der Schweiz Menschen gäbe, die ein neues „Nahrungswissen (food science)" predigen würden. Hauser fuhr in die Schweiz. Dort lernte er einen Mönch kennen, Bruder Maier, der ihm eine sehr strenge Diät verordnete: Salate, Fruchtsäfte, Gemüsestücke und Kräuter. Ein Wunder geschah: Die Tuberkulose verschwand.

Von dieser Erfahrung war Benjamin Gellert Hauser wie angezündet. Nun wollte er alles über das neue Nahrungswissen wissen. Seine privaten Studien führten ihn nach Wien, Zürich, Dresden und Kopenhagen – überall dorthin, wo die neuen Ernährungsgurus ihre Gefolgschaften um sich scharten und ihre Lehren verkündeten.

Helmut Eugen Benjamin Gellert Hauser fuhr zurück in die USA, eröffnete ein Beratungsbüro in Chicago und nannte sich ab jetzt Gayelord Hauser. Er tourte durch den Mittleren Westen und hielt überall Vorträge über fünf Wunder-Nahrungsmittel:

Joghurt
Brauhefe
Magermilchpulver
Weizenkeime
Zuckerrohrmelasse

Die Todfeinde der Ernährung nannte er auch gleich mit: Zucker und Weißmehl. Beide brachten ihm eine lebenslange Feindschaft der Zucker- und Weißmehllobby ein. Außerdem warnte er vor zu viel Fett und zu viel Fleischkonsum.

All das tat er so charmant, gutaussehend, locker und witzig, dass er schon bald eine richtige Fan-Gemeinde um sich scharte – meist weiblich.

Er konnte nicht nur gut reden, er konnte auch gut schreiben. Seine Bücher wurden zu Bestsellern. Sein erfolgreichstes Buch „Look Younger; Live Longer" (Schau jünger aus, lebe länger) wurde in zwölf Sprachen übersetzt und weltweit verkauft. Es schaffte es sogar ins Reader's Digest. Sein Versprechen: Halte Dich an die Regeln des Buches und Du lebst fünf Jahre länger. Es ist die alte Regel: Sag, zu was es gut ist, und es wird gekauft. Mehrwert verkaufen.

Er war ein Prediger des vollen Korns. Und lieferte auch zugleich Rezepte und Kochbücher. Als die Weizenlobby in den 1950er

Jahren künstlich angereichertes Weißbrot in den Markt drückte, war Gayelord Hauser der Anführer im Kampf dagegen.

Gayelord Hauser

Bücher verkaufen und Vorträge halten ist das eine, Lebensmittel selber herstellen und vertreiben ist das andere. So stieg Gayelord Hauser 1925 bei seinem Schwager Sebastian Gysin in die Firma „Modern Products" ein und entwickelte neue Lebensmittellinien, die bis heute in amerikanischen Naturkostläden verkauft werden.

1927 zog Gayelord Hauser nach Hollywood. Dort erlag als Erstes Adele Astaire seinem Charme. Die erzählte das ihren Freundinnen und schlagartig eroberte Gayelord Hauser mit seinem Charme die weiblichen Stars von Hollywood. Marlene Dietrich, Paulette Goddard, Gloria Swanson und besonders Greta Garbo folgten seinen diätischen Anweisungen und machten ihn vollends berühmt – und reich. Und so zählten auch Königin Alexandra von Jugoslawien, Baron Philippe de Rothschild, Grace Kelly, Ingrid Bergmann, Jeanne Moreau und die Herzogin von Windsor zu seinen Kundinnen.

Hauser lebte nun in einer großen Villa und lebte mit dem Schauspieler Frey Brown zusammen, der auch mit Greta Garbo befreundet war, genauso wie Hauser, so dass die beiden immer wieder Greta Garbo und ihrer Freundin Mercedes de Acosta Unterschlupf gaben.

1950 entdeckte Gayelord Hauser das Fischerstädtchen Taormina auf Sizilien. Dort hatten sich bereits viele Künstler angesiedelt, feierten große Feste und konnten sich ausleben. Kein Wunder, dass sich in späteren Jahren auch Aenne Burda dort wohlfühlte. Hauser auch. Er kaufte eine Villa und lebte mit seinen Freunden dort von 1950 bis 1970. Und alle Freunde kamen. Hauser gab rauschende Feste und versteckte gleichzeitig Greta Garbo vor allen über Wochen hinweg. „Die Göttliche" wollte niemanden sehen.

Nach dem Tod von Frey Brown 1970 gab Hauser die Villa in Taormina auf, verkaufte sie und zog wieder nach Hollywood zurück. Obwohl er bis ins hohe Alter bei sehr guter Gesundheit war, bekam er kurz vor Weihnachten 1984 eine Lungenentzündung und starb am 26. Dezember 1984.

Angefangen als Kind eines armen Schulmeisters, wurde er zum Erfüller „des amerikanischen Traums vom Tellerwäscher zum Millionär". Gut aussehend, charmant und mit einem unschlagbaren Verkaufstalent ausgestattet, machte er seinen Weg. Er wurde zum Diät-Papst von Amerika.

Der die Grenze zu Mexiko vermessen hat

Arthur Carl Victor Schott

(27.2.1814–26.7.1875)

Heute erinnern sich nur noch Paläontologen an ihn, wenn sie die von ihm entdeckten Saurier betrachten: den Masticophis schotti und den Urosaurus ornatus schotti. Ebenso Völkerkundler, wenn sie seine überaus exakten farbigen Zeichnungen der amerikanischen Indianer ansehen: Arthur Carl Victor Schott. Wenn der amerikanische Präsident Trump an seinem Grenzzaun gegenüber Mexiko baut, folgt er exakt den Plänen des Schwaben aus Stuttgart, der die heute noch gültige Grenze zu Mexiko vermessen hat, aber nie und nimmer auf die Idee gekommen wäre, da einen Zaun zu errichten. Nur weiß Trump das wohl nicht. Es wäre ihm vermutlich auch egal.

Arthur Carl Victor Schott wurde am 27. Februar 1814 in Stuttgart geboren. Er besuchte das Gymnasium und absolvierte ein Praktikum in den Königlichen Gärten in Stuttgart. Danach war er Student bei den Landwirten in Hohenheim. Seine Spuren finden sich wieder im Südbanat, wo er von 1836 bis 1841 Gutsverwalter in Iam an der serbischen Grenze war und in Orawitza gelebt hat. Er war ein verkanntes Genie. Schon damals arbeitet er als Agronom, Topograf, Kartograf, Botaniker und Geologe. Er muss unstet und rastlos gewesen sein. Nebenbei sammelte er noch rumänische Märchen. So brachte er nach seiner Rückkehr nach Württemberg zusammen mit seinem Bruder ein Buch heraus: „Walachische Märchen. Mit einer Einleitung über das Volk der Walachen und einem Anhang zu Erklärung der Märchen“. Erschienen bei Cotta in Stuttgart und Tübingen 1845. An Siebenbürger Gymnasien in Rumänien ist diese Sammlung heute noch Grundstoff des Unterrichts und Quelle für eigene Theaterstücke.

1851 finden wir ihn in den USA. Nach dem US-amerikanischen Krieg gegen Mexiko 1848 musste die genaue Grenze zwischen den Staaten festgelegt werden. Mexiko hatte durch den Krieg die Hälfte seines Staatsgebietes verloren und hatte nun 3 200 km lange Grenze zu akzeptieren. Nur wo genau diese Grenze verlief, das musste nun entschieden werden.

Das war die Aufgabe von William H. Emory. Im Auftrag der Vereinigten Staaten hatte er das Land zu vermessen. Nur konnte er das nicht. Jedenfalls nicht allein. Dazu brauchte er Spezialisten und schrieb diese Jobs aus. Wie Schott davon erfuhr, ist unbekannt. Er bewarb sich von Deutschland aus, bekam einen der Jobs und reiste in die USA.

Emory wurde vom amerikanischen Präsidenten, vom Senat und vom Repräsentantenhaus für seine vorzügliche Arbeit gelobt und geehrt. Kein Wort verlor er darüber, dass die meisten Vermessungen, besonders die schwierigsten, von Arthur Schott stamm-

Arthur Carl Victor Schott

ten. Dieser arbeitete am genauesten, am schnellsten und besten. Daneben fand er noch Zeit, sich die Indianer anzusehen und mit ihnen ein Verhältnis aufzubauen, das es ihm erlaubte, sie zu porträtieren. So genau, dass die Zeichnungen heute fast die einzigen sind, die ein genaues Bild von damals zeigen können. Fotos von Indianern gab es damals noch nicht.

Daneben kümmerte er sich um Pflanzen und Gesteine. Er muss ein Workaholic gewesen sein.

Seinen Ruhm hat Emory eingesammelt. Als der Bürgerkrieg ausbrach, verlor Schott seine Stellung. Er fand neue Arbeit in Mexiko. Zwar konnten sich die beiden Staaten 1851 nicht auf eine gemeinsame Grenzkommission einigen, so dass jeder Staat für sich die gemeinsame Grenze vermaß. Doch die Mexikaner bemerkten schnell, dass Schott am unparteiischsten arbeitete, genau war und sie nicht hochnäsig und arrogant behandelte. Das merkten sie sich. Sie stellten ihn später ein.

So finden wir ihn ab 1865 im Auftrag der mexikanischen Regierung bei der Suche nach der engsten Stelle des Kontinents, um einen Kanal zwischen dem Golf von Mexiko und dem Pazifik zu bauen. Erfolglos, denn Mexiko war immer breiter als Panama – nur musste das mal einer vermessen und beweisen. Auch war er auf der Halbinsel Yucatan unterwegs. Und stets auch an Pflanzen und der Geologie interessiert.

Er kehrte nach Washington D.C. zurück, wo er immer wieder kleine Regierungsaufträge übernahm. Am 26. Juli 1875 ist er dort gestorben und hinterließ seine Frau Augusta und sechs Kinder.

Arthur Carl Victor Schott ist nie berühmt geworden. Irgendwie war er immer in der zweiten Reihe. Den Ruhm seiner Arbeit heimsten andere ein. Aber ohne Menschen wie ihn wäre vieles nicht geschehen.

Falls Präsident Trump seine Mauer bauen wird, baut er sie auf den Grenzlinien von Arthur Schott. Die Mauer des Präsidenten ist umstritten. Die Grenzlinien von Arthur Schott wurden bis heute von niemandem in Frage gestellt.

Die Konquistadoren sprachen Schwäbisch

Ambrosius Dalfinger

(* vor 1500–31.5.1533)

Nikolaus Federmann

(* 1506–Februar 1542)

Seine Gier nach Gold kostete ihn das Leben. Er betrat 1533 als erster Europäer jenes Tal im Norden von Venezuela, das bis heute seinen Namen trägt – Valle de Ambrosio –, überquerte dann das anschließende Gebirge, stieß auf reiche Indios. Sie hatten nicht nur Gold, sondern auch Waffen. Und die wussten sie sehr gut einzusetzen. Während er immer noch vom sagenhaften Land des Goldmannes träumte – dem Eldorado –, sammelten sich die indianischen Kämpfer und überfielen die Europäer. Es fielen so viele davon, dass der Rest den Rückzug antreten musste. Dabei traf Ambrosius Dalfinger ein Pfeil am Hals. Der Pfeil war vergiftet. Nach vier Tagen war er tot. Der verbliebene Rest seiner Mannschaft begrub ihn und zog sich im „schnellsten Vormarsch beim Rückmarsch“ nach Venezuela zurück. Eldorado ist bis heute nicht gefunden.

Ambrosius Dalfingers Geschichte beginnt Anfang des 16. Jahrhunderts als Geschäftsträger des Hauses Welser am Hofe Karls V. in Madrid. Aus den Jahren vorher ist nichts über ihn überliefert.

Die schwäbische Kaufmannsfamilie der Welser aus Augsburg ist zu der Zeit bereits auf der halben damals bekannten Welt aktiv. Die alteingesessene Kaufmannsfamilie war in Augsburg reich geworden durch Produktion und Handel von Barchent (Baumwolle aus dem Osten, verwoben mit dem Leinen aus Oberschwaben und dem Allgäu). Das Ergebnis war u. a. Segeltuch. So ist es kein Witz, dass die Schiffe des Kolumbus unter Segeltuch aus Schwaben den neuen Kontinent erreichten. Zusätzlich stiegen die Welser in den Osthandel mit Seide und Gewürzen ein und machten mit ihrer Niederlassung Nürnberg zur wichtigsten Gewürzstadt Europas. So wurde Lebkuchen zwar in Ulm erfunden, aber weil Nürnberg durch die Welser das Gewürzmonopol besaß, verschwanden die Ulmer Lebkuchen aus dem Regal – ihnen waren die Gewürze ausgegangen – und die Nürnberger Lebkuchen traten ihren Welterfolg an. Da die Welser aber auch gute Kontakte zu den Medici in Florenz hatten, stiegen sie dort mit ins Bankgeschäft ein. Und als die Italiener den Kredit, den Skonto, das Konto und das Girokonto einführten, konnten die Welser im Norden mithalten. Sie waren etabliert, als die Fugger in Augsburg noch zu den neureichen Aufsteigern in der Stadt gehörten. Das änderte sich dramatisch.

Die Änderung hatte mit Lateinamerika zu tun. König Karl V., Spross der spanischen Linie der Habsburger, wollte 1519 Kaiser des Heiligen Römischen Reiches Deutscher Nation werden. Dies aber bestimmten die Kurfürsten. König Franz I. von Frankreich wollte auch deutscher Kaiser werden. Also musste die Wahl durch Bestechung entschieden werden. Das Problem war: Die Habsburger waren immer klamm. So konnte sich auch Karl V. die Wahl gar nicht leisten. Da halfen ihm die Welser und die Fugger aus – gegen Schuldscheine. Und weil Karl V. höhere Bestechungsgelder bezahlte als der Franzose, wurde er deutscher Kaiser.

Nur konnte er auch als deutscher Kaiser die Schuldscheine nicht einlösen. Denn er war immer noch pleite. 1499 hatten spani-

Konquistadoren unter sich: in der Mitte Philipp von Hutten

sche Seeleute die Küste des heutigen Venezuela erreicht. Dabei war auch der Italiener Amerigo de Vespucci. Nach ihm wurde später durch einen Nürnberger Kartenmaler der ganze Kontinent benannt – Amerika. Amerigo hatte einen phantastischen Naturhafen entdeckt – neben einem Dorf namens Coro. Das Dorf erinnerte ihn an Venedig, denn es war ebenfalls nur auf Pfählen erbaut. Er nannte das ganze Gebiet „Klein-Venedig" – Venezuela. All dies übergab nun Kaiser Karl V. den Welsern als Lehen und diese zerrissen daraufhin die Schuldscheine. Die Welser sollten das Land nun besiedeln, zwei Städte und drei Festungen gründen, Schiffe ausrüsten, Menschen und Material dorthin bringen, auch 50 deutsche Bergleute anwerben. Den ganzen Handel sollten nur sie allein betreiben und außerdem 4 Prozent des Gewinnes, der an den Kaiser ging, behalten. Sollten die Indios nicht mitarbeiten wollen, durften sie versklavt werden. Außerdem erhielten sie die Erlaubnis, 4000 Menschen in Afrika einzufangen und als Sklaven in die Neue Welt zu bringen.

Mit dem Auftrag, das umzusetzen, fuhr 1528 Ambrosius Dalfinger in die Neue Welt. Mit drei Schiffen, 400 Soldaten und 80 Pferden erreichte er Coro und nannte es „Neu-Augsburg". Das Städtchen baute er zur Festung aus. Die weiteren Siedlungswünsche der Habsburger ignorierte er. Ihm gefiel die Geschichte des Dorado besser – jenes sagenhaften Königs, der einmal im Jahr mit Fett eingerieben wurde, um dann mit Goldstaub überschüttet zu werden. Ihn galt es zu finden und reich zu werden. Eine Geschichte, die von Lagerfeuer zu Lagerfeuer weitererzählt wurde und die alle Konquistadoren – Eroberer – kannten.

1529 brach er zu seiner ersten Expedition auf. Auf dem Weg zum Maracaibo-See kam es zu einer blutigen Schlacht mit den Coquibacoa-Indianern. Am See ließ er eine Besatzung zurück und nannte das kleine Fort „Neu-Nürnberg" (heute: Maracaibo). Doch der Widerstand der Indios war so groß geworden, dass die Expedition wegen täglicher Verluste umkehren musste. 1530 war Dalfinger wieder zurück in Coro – zusätzlich an Malaria erkrankt. Er zog sich zur Genesung auf die Insel Hispaniola zurück und übergab aber vorher noch seine Geschäfte an den aus der Heimat gekommenen Nikolaus Federmann.

1531 war Dalfinger erneut in Coro und brach am 1. September zu seiner zweiten Expedition auf. Auch diese fand nicht das Land des Goldmannes – das Eldorado. 1532 brach er nochmals auf. Nun wurde der Feldzug noch brutaler, denn die Indios, die er jetzt antraf, waren reicher – aber auch kriegerischer. Sie ließen sich von den Weißen das Gold nicht nehmen, kämpften um jeden Meter Boden, verschwanden im Urwald, verbrannten beim Rückzug ihre Dörfer und Vorratskammern und schossen aus dem dichten Grün des Urwalds mit Blasrohr und vergifteten Pfeilen. Dalfinger und seine Truppe konnte zwar viel Gold erbeuten, jedoch nichts zu essen, und fanden Tag und Nacht keine Ruhe. Es gab keine Hütte mehr, in der man bewacht schlafen konnte – nur verbrannte Erde.

Während des Gefechts im später nach ihm benannten Tal, erfroren seine indianischen Hilfstruppen. Sie hatten keine Kleidung gegen die Kälte. Die Konquistadoren schlachteten ihre Hunde und Pferde, weil sie nichts mehr zu essen hatten. Auf dem Rückzug traf Dalfinger der vergiftete Pfeil.

In Spanien sprachen sie nur schlecht über ihn. Die spanischen Konquistadoren waren ihm in ihren eigenen Schandtaten ebenbürtig. Darüber sprach aber niemand. Er aber war „ein lutherischer Ketzer" und ein Feind der Inquisition. Dabei war Dalfinger an der Missionierung der Indios gar nicht interessiert – ihm ging es ums Gold.

Sein Amt ging auf Nikolaus Federmann über, der ebenfalls aus Ulm stammte. Ihn entsandten die Welser zur Unterstützung von Dalfinger nach Venezuela. Er wurde sein Stellvertreter. Am 30. Juli 1530 übernahm er sein Amt. Im September 1530 brach er bereits zu seiner ersten Expedition auf, ohne die Spanier in Santo Domingo um Erlaubnis zu bitten. Diese dachten, er würde regieren und endlich die Besiedlung durch die Spanier in Angriff nehmen und nebenbei auch endlich die Indios taufen lassen. Aber Federmann war ebenfalls dem Goldfieber verfallen. Am 17. März 1531 kehrte er mit einigem Gold wieder zurück. Dalfinger musste ihn damals entlassen, die spanische Regierung war zu empört, und Federmann kehrte für vier Jahre nach Europa zurück.

Hier wurde er zum Schriftsteller und schrieb seine Erlebnisse in einem Reisebericht nieder – die „Indianische Historia". Dieser Bericht wurde gedruckt, gelesen und versetzte die gebildete Welt in Europa in Staunen, Neugier und Bewunderung. Dem Schriftsteller brachte sie so viel Anerkennung ein, dass seine Sünden in Lateinamerika vergessen waren und ihn die Welser wieder als Generalkapitän einsetzten und abermals in ihr Gebiet nach Venezuela entsandten. 1536 brach er von dort auf und suchte mit einer Expedition wieder nach Eldorado. Dieses Mal ging es nach

Norden. Mit anderen spanischen Eroberern gründete er auf einer Hochebene Bogotá – bis heute die Hauptstadt von Kolumbien.

Reich und wohlbehalten kam er nach Coro zurück. Von dort aus verließ er 1539 Venezuela und reiste über Jamaika und Kuba nach Europa zurück.

Bei den Welsern in Augsburg hatte sich in der Zwischenzeit der Wind gegen Federmann gedreht. Nur hatte er es nicht mitbekommen.

Dass Federmann Jagd auf Indios machte, um sie als Sklaven zu verkaufen, war den Welsern egal. Dass er reiche Indios gefangen nahm, sie in Käfigen als Geiseln hielt, um von deren Verwandten Gold als Lösegeld zu bekommen, war nichts Besonderes. Bekam er kein Lösegeld, ließ er die Geiseln verhungern. Dass Federmann der Erste war, der nicht nur afrikanische Sklaven einführte – das war mit in seinem Auftrag –, sondern auch Indios „ausführte“ und in andere Staaten verkaufte, war in Ordnung. Federmann war ja auch Geschäftsmann. Den Gewinn erhielten ja die Welser.

Aber die Welser warfen ihm vor, sie zu hintergehen und Geld zu unterschlagen. Und so ließen sie ihn in Spanien verhaften und ins Gefängnis werfen. Im Verließ versuchte Federmann, den Spieß umzudrehen, und schrieb an die Habsburger Briefe, in denen er darlegte, wie die Welser die Habsburger über den Tisch zogen.

Nun mussten die Gerichte entscheiden. Die Mühlen der Bürokratie mahlten auch damals schon langsam. Nach Jahren waren sie endlich fertig. Aber da war Federmann im Februar 1542 bereits einsam, verlassen und verbittert im Kerker von Valladolid in Spanien gestorben. Die Gerichte sprachen Jahre später die Welser frei.

Die Indios hatten damals einen einzigen Fürsprecher. Den Mönch und Missionar Bartholomé de Las Casas. Er berichtete nach Spanien über die Gräueltaten der Konquistadoren. Er schrieb in die Heimat: „Die Deutschen sind schlimmer als die wildesten Löwen. Aus Habgier handeln diese menschlichen Teufel viel brutaler als alle ihre Vorgänger."

Im Frühjahr 1546 tauchten aus dem Urwald zwei Todgeglaubte nach fünf Jahren Abwesenheit auf: Philipp von Hutten und Bartholomäus Welser der Jüngere. Sie waren die letzten Vertreter der Welser in Lateinamerika. Fünf Jahre lang hatten sie sich auf der Suche nach Eldorado mit den Indios geschlagen und überlebt. Nun wurden sie ausgerechnet von den Spaniern grausam ermordet. Man hackte ihnen mit einer stumpfen Machete im Schlaf die Köpfe ab. Aus Verbündeten waren Konkurrenten geworden, die Spanier wollten die Welser los werden. Nur hatten die beiden im Urwald nicht mitbekommen, dass sich die Politik verändert hatte.

Für die Spanier waren die Welser nicht mehr wichtig. Gerade von Hutten und Welser der Jüngere hatten mit ihrer Expedition den letzten spanischen weißen Flecken auf der Landkarte zwischen Mexiko und Kap Horn gelöscht. Damit war Habsburg am Ziel: die Herrschaft in Amerika. Nun ging in Habsburgs Reich die Sonne niemals unter. Die Welser spielten dabei keine Rolle mehr. Die Fugger stellten ab jetzt für die Habsburger die Schuldscheine aus.

Auch rächte es sich, dass ihre schwäbischen Kommandanten weder Siedlungen anlegten, noch die Wirtschaft förderten, geschweige denn mit den Indios ein Auskommen suchten. Und damit weder Gemeinwesen schufen, noch etwas für das Land taten. Es ging ihnen immer nur um den eigenen Geldbeutel. Also gab es auch niemanden, der sich für sie hätte engagieren können.

Dennoch waren Dalfinger und Federmann die ersten nachweisbaren Schwaben in der Neuen Welt. Es sollte dann bis 1709 dauern, bis mit Conrad Weiser in Pennsylvania wieder ein Schwabe die historische Bühne in der Neuen Welt betrat.

Aus dem Waisenhaus ins Finanzministerium

Christoph Gustav Memminger

(9.1.1803–7.3.1888)

So weit muss man es erst einmal schaffen: auf einer Banknote abgebildet zu sein. Als die Südstaatler in den USA – die Konföderierten – ihr erstes eigenes Geld druckten, zierte die Fünf-Dollar-Note das Gesicht des Finanzministers Christopher Gustavus Memminger. Er gehörte der ersten Regierung der Südstaaten unter Präsident Jefferson Davis an.

Christoph Memminger wurde am 9. Januar 1803 in Stuttgart-Vaihingen geboren. Sein Vater, ein Offizier der württembergischen Armee, starb schon einen Monat nach der Geburt des Sohnes. Seine Mutter Eberhardina, geborene Kohler, wanderte nach Charleston, South Carolina, aus. Sie starb an Gelbfieber 1807. Den kleinen Christoph steckte man mit fünf Jahren in ein Waisenhaus.

Der damals in den Südstaaten bereits bekannte Anwalt Thomas Bennett, der spätere Gouverneur von South Carolina, entdeckte ihn im Waisenhaus, als er elf Jahre alt war. Ihm fiel das gewitzte Kerlchen auf. Thomas Bennett bezahlte die Ausbildung am South Carolina College, das Christopher Memminger ab dem 12. Lebensjahr besuchte und das er mit 16 mit dem zweitbesten Diplom verließ, um anschließend mit dem Geld seines Gönners Jura zu studieren. Er wurde ein erfolgreicher Rechtsanwalt, heiratete mit 29 Jahren Mary Withers Wilkinson und wäre ein guter, situierter Bürger geworden, über den nichts mehr zu berichten wäre. Die Zeiten sahen aber nicht danach auch.

Zwischen den Nord- und den Südstaaten der USA gärte es. Schon lange bevor der Bürgerkrieg ausbrach, hatten die Staaten in der Union verschiedene Entwicklungen genommen. Der Norden war das Einwandererland, hier entwickelten sich Eisenbahnen und die Industrie in rasantem Tempo. Große Städte entstanden, die eine andere Kultur ermöglichten. Im Süden herrschte die Landwirtschaft in großem Stil. Getreide, Reis und Baumwolle wurden in großen Plantagen angebaut und von afrikanischen Sklaven bearbeitet. Die wenigen Weißen waren die Besitzenden, in den heißen Sommermonaten wohnten diese Landlords oft gar nicht in ihren schlossartigen Landhäusern, sondern in den Städten. Es gab Staaten im Norden – wenn auch nicht alle, die lehnten die Sklaverei ab. Im Süden waren alle dafür. Jeder neue Staat, der im Westen der USA gegründet wurde, musste sich entscheiden, ob er für oder gegen die Sklaverei war. Ab den 1830er Jahren verschob sich die Stimmung Richtung Nordstaaten. Da entwickelten die Südstaaten die Idee der „Nullification": Jeder Staat sollte das Recht haben, zu erklären, dass Bundesgesetze, die ihm nicht passten, in seinem Staatsgebiet auch nicht angewendet würden.

Der juristische Vorreiter dieser Idee war Christopher Memminger. 1832/33 veröffentlichte er sein Buch „The Book of Nullification", das, populär geschrieben, das Problem leicht verständlich zuspitzte. Er schrieb es im Stil eines biblischen Propheten, was beim Publikum sehr gut ankam. Im Prinzip ging es bei der ganzen

Auseinandersetzung erst mal nicht um die Frage der Sklaverei. Es gab sogar drei Staaten im Norden, in denen Sklaverei erlaubt war. Selbst der spätere Präsident Abraham Lincoln war dafür, dass die Sklaverei in jedem Staat so gehandhabt werden sollte, wie bei der Staatengründung festgelegt. Ablehnung der Sklaverei sieht anders aus. Es ging um die Frage, ob die größer werdende USA ein Staatenbund oder ein Bundesstaat werden sollte. Im Staatenbund – so wollten es die Südstaaten – wäre jeder Staat autonom gewesen und hätte selbst entschieden, was von Washington aus übernommen worden wäre und was nicht. Im Bundesstaat – wie von den Nordstaaten gefordert – hätte der Bund durch die Bundesparlamente Senat und Repräsentantenhaus Entscheidungen gefällt, die überall und in jedem Staat gegolten hätten. Wie bei uns in Deutschland: Bundesrecht bricht Länderrecht, mit Ausnahme der Kulturhoheit. Da gibt es kein Bundesrecht.

In seinem Bundesstaat South Carolina wurde Christopher Memminger für zwanzig Jahre der Finanzminister.

Als es dann zum Bruch mit dem Norden kam, gehörte er nicht zu den Hardlinern. Aber als Abraham Lincoln Präsident der USA wurde, warb auch er für die Trennung. Lincoln wurde zum Präsidenten gewählt, obwohl die Südstaaten sich geweigert hatten, seinen Namen überhaupt auf die Stimmzettel zu drucken. Im Süden konnten die Menschen ihn daher gar nicht wählen. Sklaven waren sowieso von den Wahlen ausgeschlossen. Doch die Stimmen im Norden reichten zur Präsidentschaft.

South Carolina gehörte zu den ersten Staaten, die aus der Union austraten. Memminger verfasste das Schreiben, mit dem sich der Staat vom Bund loslöste. Dieses Schreiben kopierten die anderen Rebellen in den anderen Staaten. South Carolina entsandte ihn als ihren Delegierten zum Provisorischen Kongress der Konföderierten Staaten. Dort wurde er Vorsitzender des Komitees zur Ausarbeitung einer eigenen Verfassung. Unter seinem Vorsitz brauchten die zwölf Männer genau vier Tage, um die neue Verfassung unterschriftsreif vorzulegen.

Jefferson Davis wurde vom Provisorischen Konföderiertenkongress zum ersten Präsidenten gewählt und Christopher Memminger am 21. Februar 1861 zum ersten Finanzminister des neuen Staates berufen. Er ließ die Münze der Vereinigten Staaten in New Orleans beschlagnahmen, um an Gold heranzukommen. Die Beute war so gering, dass am Schluss des Krieges nur zwei Prozent des Geldes der Südstaaten mit Gold und Silber abgedeckt waren. Das Papiergeld, das er inflationär drucken ließ, war nach dem verlorenen Krieg wertlos. Die Fünf-Dollar-Note der Südstaatler zierte sein Porträt – heute bei Ebay rund 40 Euro wert. Er war Finanzminister des Südens während des Bürgerkrieges, am 1. Juli 1864 trat er zurück und zog sich an seinen Sommer-Wohnort Flat Rock in North Carolina zurück. Die einen stellten ihm ein gutes Zeugnis aus, er sei ein ehrlicher Makler eines grandiosen Problems (Kriegsfinanzierung nur mit Kriegsanleihen) gewesen, die anderen bezeichneten ihn als grandiosen Versager, weil er mit seiner Gelddruckmaschine eine riesige Inflation angeheizt hätte und alle Nur-Geld-Besitzer und Besitzer von Kriegsanleihen nach dem Krieg bankrott gewesen wären – so wie der Staat. Dass er außerdem der Förderer und Reformer des völlig unterentwickelten Schulsystems des Südens war, ging im Kriegslärm völlig unter.

Nach dem Krieg lebte er in Charleston in South Carolina als angesehener Anwalt bis zu seinem Tod am 7. März 1888. Er starb mit 85 Jahren. Beerdigt wurde er auf dem Friedhof von St. John in the Wilderness, Flat Rock, North Carolina. Sein Grab ist erhalten geblieben. Immer wieder steckt jemand kleine Fähnchen mit dem Wappen der Konföderierten auf sein Grab – eigentlich der Flagge der Marine der Rebellen. Wer gegen Washington ist, gegen den Norden, gegen Gleichberechtigung von Hautfarben und Geschlecht, zeigt bis heute diese Flagge der Südstaaten.

Joseph Jacob Bollinger

(5.10.1803–1884)

Wilhelm Busch, Zeichner und Texter von „Max und Moritz“, trank sein ganzes Leben lang Champagner. Den allerdings nur von der Marke Veuve Clicquot. Und reimte auf die Witwe: „Ach wie herrlich perlt die Blase, der Witwe Klicko in dem Glase“. Zu Weltruhm kam die „perlende Blase“ allerdings nicht durch die Witwe Klicko – Veuve Clicqot –, sondern durch den Junior im Hause: Christian Kessler. Nachdem er sie in Reims verließ, gründete er 1826 in Esslingen am Neckar die erste Sektkellerei Deutschlands. Sie besteht heute noch.

Aber es war nicht nur Kessler, der den Champagner großmachte. Johann-Joseph Krug war in der Champagne aktiv, genauso wie Mitglieder der Familie Heidsieck und neben Christian Kessler der Schwabe Robert Schlumberger, der Begründer der österreichischen Sektdynastie. Und eben auch Joseph Jacob Placid Bollinger.

Joseph Jacob Placid Bollinger wurde am 5. Oktober 1803 in Ellwangen/Jagst geboren. Der Vater war Jurist. Bevor das württembergische Militär das Barockstädtchen 1802 im Zuge der Säkularisierung besetzte, gab es dort schon genug Juristen. Das wurde unter den Württembergern nicht anders und so zog es den jungen Joseph Bollinger in die Fremde. Er landete in der Champagne. 1822 begann er eine Lehre im Champagnerhaus Müller-Ruinart. Der Bayer Anton Müller hatte es gegründet, nachdem er Madame Ruinart geheiratet hatte. Vorher war er bei Veuve Clicquot Kellermeister gewesen und hatte dort die Rüttelpulte und das Rütteln der Flaschen eingeführt. Unser Neu-Württemberger nannte sich nun Joseph Jacques Placid Bollinger.

Der Firmengründer Joseph Jacob Placid Bollinger

Er war sehr erfolgreich für das Haus in Deutschland als Handelsvertreter tätig. Irgendwann hat er auf seinen Handelsreisen den französischen Admiral Comte de Villermont kennengelernt. Der besaß zwar jede Menge Weinberge in der Champagne, ging in die Geschichte Frankreichs aber als alter Haudegen ein.

Athanase-Louis-Emmanuel de Villermont wurde 1763 geboren und, da er der Jüngste war, von der Erbfolge der Ländereien ausgeschlossen und zur Laufbahn in der Marine bestimmt. Im Unabhängigkeitskampf von George Washington tat er sich an der Seite des französischen Generals Lafayette hervor. Er diente unter Admiral de Grasse, der in der Seeschlacht an der Mündung der Chesapeake Bay die Engländer bezwang – vermutlich die einzige Seeschlacht, in der die Franzosen über die Engländer siegten. Als er endlich wieder nach Frankreich zurückkehrte, war er der einzige Verbliebene in der Erbfolge. Die Weinberge in der Champagne gehörten nun ihm.

Nur konnte er als Adliger schlecht Wein verkaufen, geschweige denn mit seinem Namen für ein Champagnerhaus stehen. Die Nachwirkungen der Französischen Revolution machten es Adligen im Handel schwer, die eigenen Standesregeln verboten zudem ein Engagement im „bürgerlichen" Handel. Er suchte also Partner. So gründete er 1829 zusammen mit Jacques Bollinger und Paul Renaudin (auch er war Handelsvertreter bei Müller-Ruinart) die Firma „Renaudin–Bollinger" und legte Wert darauf, dass sein Name weder auf einem Etikett noch auf einem Messingschild an der Firma auftauchte. Renaudin trat nach ein paar Jahren wieder aus. Jacques Bollinger heiratete 1837 die Tochter des Admirals, Louise-Charlotte de Villermont. Die beiden hatten eine Tochter, Marie, und zwei Söhne, Joseph und Georges, die das Champagnerhaus weiterführten. 1854 wurde Jacques Bollinger Franzose.

1865 begann er, seinen Schampus nach England zu exportieren. Bald wurde er in Adelskreisen bekannt und Königin Viktoria nippte an seinem Champagner. Sie war begeistert. Bollinger bekam den Titel eines „Royal Warrant". Von nun an königlicher Hoflieferant zu sein war wie ein Ritterschlag und perfekt fürs weltweite Marketing.

Als er 1884 starb, übernahmen seine Söhne die Firma. Sein Enkel führte den Laden bis 1941, dann übernahm dessen Witwe Lily das Champagnerhaus. Wie sie mit der deutschen Wehrmacht zugleich zusammenarbeitete und sie zugleich austrickste, wäre eine eigene Geschichte wert. Noch heute ist das Haus Bollinger im Familienbesitz und gehört zu den weltweit führenden Champagnerhäusern.

Kein James-Bond-Film ohne Bollinger. Egal, wer 007 spielt – eine Flasche Bollinger spielt immer eine Nebenrolle, und sei es im Geheimfach des Bond-Autos Aston Martin. Die junge Generation lernt die Marke gerade beim Betrachten der britischen Sitcom „Absolutely Fabulous“ kennen. Dort heißt der Champagner schlicht „Bolly“.

Wie ein schwäbischer Tüftler Alfred Krupp alt aussehen ließ

Jakob Mayer

(1.5.1813–30.7.1875)

Alfred Krupp schlug zu. Immer und immer wieder traf der Hammer des vor Neid und Zorn fast platzenden Ruhrbarons auf die große Stahlglocke. Auf der Pariser Weltausstellung 1867 soll sich das Attentat auf die Stahlglocke ereignet haben. „Schwindel! Betrug! So große Glocken kann man aus Stahl gar nicht gießen. Das muss ein Eisenguss sein!“ Und ein Eisenguss musste unter den Hammerschlägen zerbersten und brechen.

Aber nichts zerbrach. Alfred Krupp ging die Puste aus. Von Neid zerfressen, hätte er nun zugeben müssen, dass einer im Ruhrgebiet besser war als er, der Ruhrbaron, späterer Freund der deutschen Kaiser, der Ruhm der deutschen Industrie. „Hart wie Kruppstahl!“ hieß das später einmal. Aber hier gab es einen Stahl, der war noch härter.

Es war der Stahl des Schwaben Jakob Mayer. Der war eigentlich von Beruf Uhrmacher. Aber gleich nach der Schule war es nichts mit der Uhrmacherei im Schwarzwald für einen jungen Bauernburschen, der unbedingt Mechaniker werden wollte. Die besten Mechaniker damals im Bauernland Württemberg waren die Schwarzwälder Uhrmacher. Die aber hüteten ihre Kunst wie eine Geheimwissenschaft und gaben ihr Wissen nur an die eigenen Söhne, oder falls sie keine hatten, nur an enge Verwandte weiter. Alles blieb geheim, erst recht vor einem Lehrling aus einem Bauerndorf.

Jakob Mayer wurde am 1. Mai 1813 in Dunningen bei Rottweil geboren. Er hatte sechs Geschwister, die Eltern waren geplagte Kleinbauern. Früh entdeckte er seine mechanischen Fähigkeiten – deshalb wollte er Uhrmacher werden. Doch die Uhrmacher in der Gegend wollten ihn nicht haben. Not macht bekanntlich erfinderisch und so hatten die Eltern eine Idee: Da gab es einen Onkel mütterlicherseits, Dominikus Mauch, der war Uhrmacher in Köln. Der wurde gefragt.

So zog der junge Jakob Mayer nach Köln und wurde Lehrling. Keine Chance in Württemberg. Also Aufbruch. Im Hause Mauchs bezog er eine Kammer über der Werkstatt des Meisters, zusammen mit dessen Sohn.

Meister Mauch hatte ein Ziel. Er wollte sich von den englischen Uhrenfedern unabhängig machen. Die englischen Hersteller konnten jeden Preis für die Uhrenfedern verlangen. Diese waren nämlich aus Stahl. Ein solcher Stahl konnte in ganz Deutschland nirgends hergestellt werden. So schloss sich Meister Mauch immer wieder in seiner Werkstatt ein, heizte den Ofen auf Vollglut,

Jakob Mayer, 1862

arbeitete mit winzigen Schmelztiegeln und experimentierte. Nicht einmal seine Kinder hatten dann Zugang zu ihm.

Jakob Mayer verbündete sich mit Mauchs Sohn im Zimmer über der Werkstatt. Sie bohrten ein Loch in den Boden und beobachteten die Experimente. Jakob Mayer erzählte später nur, dass der Meister auf dem falschen Weg gewesen sei. Mehr erzählte er aber auch nicht.

Zwei Jahre war er nach seiner Lehre Geselle in Köln. Dann ging er nach Sheffield in England. Also dorthin, wo der weltbeste Stahl hergestellt wurde. Sein dortiger Chef war von ihm begeistert, seine Kollegen nicht. Je mehr sein Chef ihn in die Geheimnisse des Stahlkochens einweihte, umso feindseliger wurden die Kollegen. Sie sollen ihm sogar nach dem Leben getrachtet haben. Einem Attentat entging er durch Flucht durch ein Kloakenrohr. Atemlos rennend fand er im Hafen ein abfahrbereites Schiff. Der Kapitän witterte seine Chance. Unter der Bedingung, dass er als Schiffsmechaniker anheuerte, nahm er ihn mit. Jakob Mayer wurde Seemann.

Nach langen Seefahrten kam er wieder in seinem Heimatdorf Dunningen an. Sofort besorgte er sich Schmelztiegel und begann mit seinen Experimenten. 1836 vermutlich gelang ihm erstmals die Herstellung von Gussstahl in kleinen Tiegeln. Da er den Stahl aber mit teurer Schwarzwälder Holzkohle flüssig machen musste, brach er wieder nach Köln auf, wo er 1838 in der Ziegelei seines späteren Schwagers Jacob Volk eine „provisorische Hütte“

einrichten konnte. In der Ziegelei gab es heiße Öfen – jetzt musste er einen davon nur noch heißer machen und konnte experimentieren. Seine Kenntnisse aus England und seine Neugierde brachten ihn weiter. Mit dem Dürener Hüttenmann Eberhard Hoesch gründete er dann 1839 eine Gussstahlschmelze.

Die verwendete Aachener Kohle (Eberhard Hoesch kam aus dieser Gegend und hatte deshalb Beziehungen zu den Kohlegruben) hatte jedoch zu viel Schwefel. Der Stahl wurde nicht heiß genug. Das ging mit der Kohle von der Ruhr besser. Die beiden trennten sich wieder, Jakob Mayer tat sich mit dem Magdeburger Kaufmann Eduard Kühne zusammen und gründete in Bochum die Gussstahlfabrik „Mayer & Kühne". Beide verwandelten so das Ackerstädtchen Bochum in eine Industriemetropole.

Krupp dagegen hatte schon längst Essen zur Hauptstadt des Stahles gemacht – des geschmiedeten Stahles, wohlgemerkt. Denn er war der festen Überzeugung, dass man Stahl zwar in kleinen Tiegeln gießen kann, aber nicht in großen. Stahl könne man nur schmieden. So schmiedete er Stahlreifen für die aufstrebenden Eisenbahngesellschaften und erfand den nahtlos geschmiedeten Stahlreifen. Drei davon übereinandergelegt sind bis heute das Markenzeichen von Krupp. Die Räder seiner Lokomotiven bestanden nach wie vor aus Gusseisen. Etwas anderes konnte – und wollte – sich Krupp nicht vorstellen.

Jakob Mayer schon. Nur fehlte ihm zur Umsetzung immer wieder das nötige Geld. Während Krupp bereits Multimillionär war, putzte Mayer immer noch die Klinken Kölner Banken. So hangelte er sich von Kredit zu Kredit. Da blieb nur der Weg, sich das notwendige Geld über Aktien zu beschaffen.

1854 wandelten die beiden ihr Unternehmen in die Aktiengesellschaft „Bochumer Verein für Bergbau und Gußstahlfabrikation AG" um, genannt „Bochumer Verein". Kühne schied aus, Louis

Baare wurde Generaldirektor und Jakob Mayer Technischer Direktor. Nun konnte er sich voll und ganz den technischen Experimenten widmen.

Im Prinzip bestand seine Leistung darin, Stahl immer flüssiger zu machen, so dass er schneller fließen konnte. Schnellerer Fluss bedeutete, dass er damit größere Werkstücke gießen konnte. Und zugleich eine Hohlgussform herzustellen, die solchen hohen Temperaturen und Fließgeschwindigkeiten standhielt und beim Abkühlen nicht zerbröselte, sondern zusammen mit dem abkühlenden Stahl ebenfalls kleiner wurde. Das klingt einfach, war aber die entscheidende Innovation in der deutschen Industriegeschichte, welche die Industrialisierung nach vorne katapultierte und den englischen Vorsprung einholte und schließlich sogar überwand. Jakob Mayer gehört mit zu den Pionieren, die aus der englischen Marke für minderwertige Artikel „Made in Germany" eine Qualitätsmarke schufen. Erst in jüngster Zeit ist es den Industriellen der deutschen Automobilindustrie gelungen, durch ihre Lügen und Täuschungen „Made in Germany" wieder zu einer Marke für Lug und Betrug zu machen.

1852 zeigte Jakob Mayer auf der Düsseldorfer Industrieausstellung zum ersten Mal große Glocken, die aus Stahl gegossen waren. Die ersten Fachleute wurden nun auf diese „Fassongüsse aus Gußstahl" aufmerksam und erkannten das Potenzial für den Maschinenbau.

Bei der Pariser Weltausstellung 1855 kam es zum Showdown zweier Helden wie in einem Western. Jakob Mayer entsandte drei Glocken nach Paris, die in ihrer Größe auffielen. Präsentiert wurden sie aus Gussstahl. Alfred Krupp schäumte vor Wut, war das aus seiner Sicht doch gar nicht möglich. Ihm war es in seinen Werken nicht gelungen, Gussstahl in so großen Objekten zu gießen, also konnte das auch niemand anderes leisten. In Zeitungsanzeigen bezichtigte er Jakob Mayer des Betrugs. Als das Preiskomitee in Paris die Glocken besah, war Krupp anwesend, wurde laut und hetzte gegen den Mitbewerber. Der Skandal war da. Als Mayer in Bochum davon hörte, schickte er eine vierte Glocke nach Paris. Sie kam gerade frisch aus der Gussform und hatte deshalb noch die erstarrten Gießkanäle, die Anguss-Stücke, dran. Seine mitentsandten Schmiede bauten im Ausstellungsraum eine Feldschmiede auf und vor den Augen der Besucher entfernten sie die Gussstücke, zeigten die Bruchstücke und schmiedeten Stahlstücke daraus. Es war wirklich Stahl. Die Pariser Weltausstellung 1855 hatte ihre Sensation. Doch Krupp wütete immer noch und behauptete, die Glocke sei aus Gusseisen, die Anguss-Stücke aus Stahl nur eine Tarnung. Als die Nachricht davon Bochum erreichte, bestieg Jakob Mayer den nächsten Zug, fuhr nach Paris und befahl seinen Schmieden, vor den Augen der Besucher die Glocke zu zerstören und aus jedem von den Besuchern gewünschten Bruchstück ein Stahlstück zu schmieden. Die Sensation war perfekt. Jakob Mayer wurde die Goldmedaille der Weltausstellung verliehen. Krupp legte offiziell Widerspruch ein. Der Widerspruch wurde abgewiesen. Die internationale Presse berichtete weltweit über den Skandal. Jakob Mayer war nun allen Fachleuten, die mit Eisen und Stahl etwas zu tun hatten, ein Begriff. Der legendäre Alfred Krupp erschien in einem anderen Licht.

Diese Schmach hat Krupp nie vergessen. Es war wirklich Stahl.

Die Bochumer Gussstahlfabrik war nach der Essener Fabrik von Krupp das größte Stahlwerk Deutschlands.

Jakob Mayer war verheiratet, aber kinderlos. Sein Leben war einfach und anspruchslos. Er wohnte in einem repräsentativen Haus, aber keinem Palast wie die „Villa Hügel“ in Essen. Zusammen mit seiner Frau war er in der katholischen Kirchengemeinde aktiv, er war dort Kirchengemeinderat, außerdem Stadtrat. Beide förderten die beginnenden sozialen Einrichtungen und Werke.

Weil die Stadt Bochum zu wenige Wohnungen hatte und das Wachsen des Bochumer Vereins schneller ging als die Stadtentwicklung, bauten Baare und Mayer zunächst ein „Arbeiterkosthaus“, das auch Wohnungen anbot. 1872 wurde dieses durch einen riesigen Bau für 1200 ledige Arbeiter ersetzt. Das im Volksmund „Bullenkloster“ genannte Wohnhaus hatte neben einer Kantine auch einen Leseraum mit Bibliothek. In ihrem Betrieb richteten sie eine „Unterstützungskasse“ ein. Damit waren die Arbeiter durch eine Kranken- und Rentenversicherung an den Betrieb gebunden. Dazu gehörten auch werkseigene „Konsumanstalten“, in denen preiswert eingekauft werden konnte. Als Standard für die Stammbelegschaft galten freie Behandlung beim Werksarzt, kostenlose Medikamente, Krankengeld, Übernahme der Beerdigungskosten und Witwen- und Waisenunterstützung.

Einerseits war das vorbildlich, andererseits war das patriarchalisch bestimmt. Wem gekündigt wurde, dem wurde das alles gestrichen. So band man die Arbeiter an sich und konnte sie jederzeit kündigen. Die damaligen Unternehmer hatten Angst vor den Gewerkschaften und der Sozialdemokratie wie der Teufel vor dem Weihwasser.

Am 30. Juli 1875 starb Jakob Mayer überraschend. Als Todesursache wird „schweres inneres Leiden“ angegeben. Auf dem alten Bochumer Friedhof steht sein Grabstein immer noch – gestaltet wie ein gotisches Denkmal mit seiner Büste.

Der „Bochumer Verein“ ist Industriegeschichte. Die Friedensglocken von Hiroshima wurden noch in Bochum gegossen und erinnern in Hiroshima bis heute an die Katastrophe. Die Glocke, die Alfred Krupp vergeblich zu zertrümmern versuchte, hängt heute vor dem Platz des Bochumer Rathauses.

Am 10. Dezember 1965 hat die Firma Krupp den Bochumer Verein übernommen.

Förderer vom „Land der hellen Köpfe und der geschickten Hände“

Ferdinand von Steinbeis

(5.5.1807–7.2.1893)

Es muss ein bewegender Moment gewesen sein, als in den späten 40er Jahren des 19. Jahrhunderts in Neunkirchen an der Saar zum ersten Mal ein Hochofen zum Schmelzen von Eisenerz permanent mit Koks gefüttert werden konnte, so dass ein Abstich des Roheisens Tag und Nacht möglich war. Die Wolken aus Rauch, Qualm und loderndem Feuer müssen wie der Ausgang der Hölle ausgesehen haben. Nun konnte auch ein Walzwerk betrieben werden, das schon bald zu den größten Walzwerken Deutschlands gehörte – eben wegen dem ständigen Zustrom an Roheisen. Eisenbahnschienen wurden damit hergestellt und der in Deutschland boomende Eisenbahnbau erst möglich gemacht. Der neue Direktor der Stahlbarone Gebrüder Stumm hatte das erreicht: der Schwabe Ferdinand Steinbeis aus Ölbronn im Oberamt Mühlacker.

Der richtige Einsatz von Koks war entscheidend. Koks, das ist die Verbrennung von Kohle ohne Sauerstoff. Dann ist es auch keine normale Verbrennung mehr. Teer, Schwefelsäure und Rohgas, das in etwas veränderter Form als Gas in der Stadt eingesetzt wurde, entweichen dabei aus der Kohle, sie wird porös, entwickelt beim anschließenden Verbrennen noch höhere Temperaturen, so dass man Eisen durchgehend Tag und Nacht schmelzen kann, und behindert zugleich den notwendigen ständigen Gasstrom im Hochofen nicht. Jetzt war Dauerbetrieb beim Verhütten möglich – und den hat dieser Schwabe als Erstes eingeführt.

Ferdinand Steinbeis war Pfarrersohn. Geboren im Pfarrhaus zu Ölbronn am 5. Mai 1807, wuchs er in Ilsfeld auf, wohin sein Vater auf seine nächste Pfarrstelle wechselte. Seine Mutter war die Schwester des schwäbischen Dichters Justinus Kerner. Und ein anderer Bruder war Karl Freiherr von Kerner. Dem ist der Junge bald aufgefallen. Der kleine Ferdinand musste zwar alte Sprachen lernen, da sein Vater ihn wohl zum Theologiestudium hinführen wollte, aber ihm war auch aufgefallen, dass Klein Ferdinand handwerklich sehr geschickt war und ein Faible für Technik hatte. Er selber hatte eine Tochter und den Wunsch nach einem Sohn. Den bekam er aber nicht. So förderte er seinen Neffen Ferdinand.

Freiherr von Kerner war in Württemberg zuständig für die Berg-, Hütten- und Eisenwerke und so besorgte er Ferdinand eine Ausbildung im Königlichen Eisenwerk in Wasseralfingen. Die Industrialisierung in Deutschland hatte gerade begonnen, nicht jedoch in Württemberg. Dieses war als rückständiges Agrarland noch weit davon entfernt. Nach Abschluss der Lehrzeit in Wasseralfingen schickte ihn sein Onkel nach Tübingen zum Studieren. Finanziert vom Freiherrn, machte Ferdinand dort nach zwei Staatsexamen seinen Dr. phil. Mit einer Dissertation über die Glasfabrikation. 1827 besorgte ihm der Onkel eine Stelle als Hüttenschreiber in der Königlichen Eisengießerei Ludwigsthal bei Tuttlingen.

Fürst Karl Egon II. von Fürstenberg beobachtet genau, was in Ludwigsthal passierte, betrieb er doch seine eigenen Fürstlich Fürstenbergischen Hüttenwerke in Thiergarten und Bachzimmern. Ihm fällt Ferdinand Steinbeis auf und er wirbt ihn ab aus württembergischen Diensten. Im zurückgebliebenen Württemberg kommt ein neugieriger Mensch wie Steinbeis einfach nicht weiter. Beim Fürsten bekommt er endlich ein ordentliches Gehalt und kann daher heiraten. 1833 heiratet er in Ilsfeld die Holzhändlertochter Friederike Klumpp. Aus der „sehr glücklichen Ehe“ gingen vier Mädchen und ein Junge hervor. Dieser, Otto von Steinbeis, wurde später ein sehr erfolgreicher Unternehmer – auf dem Balkan. In Württemberg konnte man immer noch nichts werden.

Ferdinand Steinbeis brachte die fürstlichen Hüttenwerke auf Vordermann. Die Qualität der Erzeugnisse wurde immer besser und damit wettbewerbstauglich. Damit stieg auch die Anzahl an Arbeitskräften. Produktionszahlen und Mitarbeiterzahlen vervielfältigten sich – die Qualität auch.

Im Saarland hatten inzwischen die Gebrüder Stumm ihre Eisenwerke immer weiter ausgebaut. Sie traten nun in Konkurrenz zu Krupp in Essen. Die Rivalität ging später so weit, dass Krupp zum „Kanonenkönig“ aufstieg, aus den Gebrüdern Stumm wurden die „Panzerplatten Stumm“. Krupp baute Kanonen, Stumm die Panzerplatten für die kaiserlichen Kriegsschiffe der deutschen Marine.

Aber noch war es nicht so weit. Die Gebrüder Stumm suchten nach einem innovativen Kopf, der ihre Eisenindustrie ausbauen konnte. Das hieß erst einmal, heißere Schmelzöfen zu bauen und mit höheren Temperaturen Eisenerz zu schmelzen. Damit man andere Metalle und Stoffe hinzufügen konnte, um Stahl herzustellen. Das aber schaffte bis dahin niemand. Da fiel ihnen Ferdinand Steinbeis in Donaueschingen auf. Sie machten ihm ein Angebot, das er nicht ausschlagen konnte und wollte. Er wurde 1842 Generaldirektor ihrer Werke im Saarland. Mal wieder gab es in Württemberg keine Chance, weiterzukommen. Also akzeptieren oder gehen. Ferdinand Steinbeis ging.

Höhere Temperaturen beim Eisenschmelzen erreichte er mit Koks. Und mit einem Hochofen, der nie ausgehen durfte und zehn Jahre lang Tag und Nacht in Betrieb sein musste – sieben Tage die Woche, 365 Tage im Jahr. Das schaffte Ferdinand Steinbeis. Und machte damit die Entwicklung eines permanenten Walzwerkes möglich, das nie aufhörte, Eisenbahnschienen auszuspucken.

1848 war ein Wendepunkt in Württemberg. Nicht nur wegen der Revolution, die auch bewirkte, dass der einst einigermaßen liberal gestartete König Wilhelm I. immer konservativer wurde. Auf der anderen Seite begriff der „König der Landwirte, der Landwirt unter den Königen“, dass mit der Landwirtschaft allein kein Staat zu machen sei. Auch die dramatisch steigenden Auswandererzahlen machten ihm klar, dass es nicht nur eine landwirtschaftliche Entwicklung in seinem Land geben musste. Es musste auch eine Entwicklung im Handel und Gewerbe, in Wirtschaft und Industrialisierung sein. Dazu brauchte er einen „Kümmerer“, der sich dieser Arbeit annahm. Der König fand ihn in Ferdinand Steinbeis.

Der König holte Steinbeis 1848 nach Württemberg zurück, machte ihn zum Königlich Württembergischen Regierungsrat und zum Leiter der neu geschaffenen Zentralstelle für Handel und Gewerbe. Steinbeis legte los. Er organisierte im Land Musterschauen und besuchte mit schwäbischen Unternehmern und Kaufleuten ausländische Ausstellungen. Er schuf ein gewerbliches Musterlager, das spätere Landesgewerbemuseum. Er gründete die Industrie- und Handelskammer IHK, die Stuttgarter Börse und Gewerbevereine im ganzen Königreich. In Baden gleich mit. Weshalb er nicht nur vom König, sondern auch vom badischen Großherzog das „von“ verliehen bekam. Er suchte nach technischen Talenten und förderte sie – so auch Gottlieb Daimler.

Ferdinand von Steinbeis

Mit seiner Wirtschaftspolitik jedoch konzentrierte er sich auf das alte Herzogtum Württemberg. Die 1806 neu dazugekommenen Gebiete vernachlässigte er genauso wie die Staatsregierung in Stuttgart. Der Widerstand gegen die Schwaben war in Hohenlohe und Oberschwaben stark. Umgekehrt wurde das erwidert. Freiwillig ging kein Beamter oder Pfarrer in die neu erworbenen Gebiete. „Wir haben gar nicht so viel Hohenlohe und Oberschwaben, wie wir schlechte Beamte und Pfarrer haben“, wurde zum geflügelten Wort. Das rächt sich bis heute. Da war auch der ansonsten weitblickende Steinbeis ein Kind seiner Zeit.

Dabei hatte er wirklich die damalige Welt im Auge. Auf allen Ausstellungen von London, Paris, München, Philadelphia, Wien und Moskau war er mit einer württembergischen Gesandtschaft präsent. Auch bei der Eröffnung des Suez-Kanals 1869 war er Ehrengast. Als 82-Jähriger ließ er es sich nicht nehmen, 1889 mit der Eisenbahn zur Weltausstellung in Paris zu fahren – wahrlich eine Leistung in jenen Tagen.

Parallel dazu war er schriftstellerisch tätig. Er war Chefredakteur des Gewerbeblattes für Württemberg von dessen Beginn 1849 bis zu seinem beruflichen Rücktritt 1880. Nicht gezählt sind seine Artikel für Zeitungen und Zeitschriften.

Politisch wurde er damals immer „linker" – das bedeutete damals, dass er in wirtschaftlichen Fragen immer liberaler wurde, hin zum Freihandel und zum Feind aller Zölle und politischer Handelsbeschränkungen. Das machte ihn ab 1870 zum Feind Bismarcks, der sich für eine Politik der Schutzzölle und der staatlichen Wirtschaftslenkung aussprach. Ferdinand von Steinbeis verlor die Auseinandersetzungen mit Bismarck und zog sich ab 1880 aus seinen Ämtern zurück.

Er zog zu einer seiner Töchter nach Leipzig und starb dort am 7. Februar 1893. Er sei „friedlich entschlafen", schrieben die Zeitungen. Sein Sarg wurde nach Ulm überführt, wo er an der Seite seiner längst verstorbenen Ehefrau bestattet wurde.

Max Eyth ist auch in Ulm begraben. Der Ingenieur Max Eyth, der mit seiner Arbeit dazu beitrug, dass aus dem englischen Label für Schrott „Made in Germany" ein Qualitätssiegel wurde, und der, nach Deutschland zurückgekommen, die Deutsche Landwirtschaftsgesellschaft DLG gründete, um die Landwirtschaft aus den mittelalterlichen Produktionsmethoden herauszuführen. Und mit Ferdinand von Steinbeis liegt dort der entscheidende Gewerbeförderer begraben, ohne den Württemberg, das von ihm so genannte „Land der hellen Köpfe und der geschickten Hände", nie das „Musterländle" geworden wäre. Wenn sie heute die Lügner unter den deutschen Managern sehen würden – schwäbisch die „Lugabeitl" –, müssten eigentlich beide in ihren Gräbern rotieren.

Adolph Schoeninger

(20.1.1833–1900)

Der Drang nach Mobilität war ungebremst in den Gründerjahren ab 1870. Das galt nicht nur für Männer, sondern auch für Frauen. Nur konnten die mit Straußenfederhut, Korsett und langen Röcken eben nicht Fahrrad fahren. Schon gar nicht auf einem Hochrad, dem Schlager der Saison. Man musste schon gut betucht sein, um sich ein Bicycle – so der vornehme Ausdruck für das neue Fortbewegungsmittel – leisten zu können. Halb so viel wie ein Klavier kostete so ein kostbares, unsagbar schweres Gerät. Aber mit ihm konnte man endlich mobil werden. Um damit den Städten, aber auch der Aufsicht durch Obrigkeit und Gouvernanten zu entkommen. Kein Wunder also, dass die begüterte Jugend sich aufs Fahrrad schwang und drauflosfuhr. Nur die jungen Frauen eben nicht. Die änderten daraufhin radikal ihre Mode. Weg mit den Straußenfedern, weg mit dem Korsett – und statt langen Röcken wurden nun Hosen getragen. Damen in Hosen! Für die damalige Gesellschaft nicht einmal vorstellbar. Ein Schock!

Gesetze gegen das Fahrradfahren wurden erlassen. Doch die jungen Leute fuhren den Anstandsdamen und Polizisten einfach davon. Eine neue Freiheit tat sich auf.

Die Mobilität durch das Fahrradfahren hat die europäische Gesellschaft verändert. Diese Veränderung nahm zu, als die ersten Entwickler in England und Deutschland Fahrräder konstruierten, deren Vorder- und Hinterräder gleich groß und die mit einem Kettenantrieb versehen waren. Nun ging es erst richtig los.

Die zweite Revolution bestand darin, dass dieser Sport der gehobenen Klassen „demokratisiert" wurde – also in den Arbeitersiedlungen ankam. Dazu mussten die Räder aber erst einmal bezahlbar werden.

Das war die Stunde des Adolph Schoeninger, den man in der Geschichte der Mobilität „den Ford des Fahrrads" nennt – obwohl Henry Ford erst zehn Jahre später als Schoeninger die Fließbandproduktion aufnahm. Henry Ford hatte es sich bei Schoeninger in Chicago abgeschaut.

Adolph Schöninger wurde am 20. Januar 1833 in Weil der Stadt geboren. Sein Elternhaus, genannt Haus „zur Schönfarb", steht heute noch in der Spitalgasse 1. Sein Vater war Schönfärber und gehörte damit zum gehobenen Teil der Färber (die ansonsten in der städtischen Hierarchie unten waren), denn um „schön" zu färben, also bunte Stoffe herstellen zu können, bedurfte es einiger früher Kenntnisse in Chemie, z. B. wie man durch das Anwenden von Waid die begehrte, aber kostbare Farbe Blau herstellen konnte. Adolph Schöninger wollte das jedenfalls nicht werden. Er lernte Kaufmann und wanderte 1854 in die USA aus. Im kleinen katholischen Weil der Stadt, das im Königreich Württemberg vor sich hin dämmerte und an keiner wirtschaftlichen Entwicklung teilnahm, sah er keine Zukunft für sich. So sahen es wohl viele Weil der Städter, denn das Auswandererverzeichnis der Stadt beinhaltet viele Namen.

Adolph Schoeninger ging nach Pennsylvania. Schon 1857 machte er sich selbständig. In allen wichtigen deutschen Vereinen war er aktiv. Er nahm am sozialen Leben der vielen Deutschen in Pennsylvania teil. Im amerikanischen Bürgerkrieg kämpfte er für die Nordstaaten und führte die 75th Compagny of Pennsylvania's Volunteer Regiment. Er kämpfte unter den Kommandos der Generäle Franz Sigel und Carl Schurz – alles Veteranen der Badischen Revolution von 1848, die den preußischen Exekutionskommandos in letzter Sekunde entkommen waren, aber ihren Kampf für die Freiheit nie aufgegeben hatten. Nun kämpften sie eben gegen die Sklaverei. Carl Schurz brachte es später sogar zum Innenminister der USA.

Bis 1864 kämpfte Schoeninger auf der Seite der Union. Nach seiner Entlassung musste er zuhause wieder von vorne anfangen. Er ging nach Chicago und arbeitete als Kaufmann bei Albert Pick. Der führte Haushaltswaren, Glas und Porzellan. Das besorgte Schoeninger zwar ein Auskommen, er aber wollte mehr. Mit großem Ehrgeiz ausgerüstet, gründete er 1869 eine Spielzeugfabrik – die Western Toy Company. Kaufmann war er selber, unternehmerisch denken und handeln konnte er, und so sah er sich nach jungen, handwerklich gut ausgebildeten Einwanderern aus Deutschland um und stellte sie ein. Er stellte Kinderspielzeug und Schaukelpferde, aber auch schon Kinderwagen aus Holz, Roller und Kinder-Dreiräder her.

1871 war er pleite. Im großen Stadtbrand von Chicago brannte nicht nur die ganze Stadt, sondern auch seine Fabrik völlig aus. Er stand vor dem Nichts.

Was nun neu aufbauen? Er suchte nach einer Marktnische. Er suchte nach einem völlig neuen Ansatz. Ihm fiel auf, dass er junge deutsche Einwanderer hatte, die Erfahrungen als Flaschner hatten, ja sogar Blechspielzeugmacher hatte er beschäftigt. Die konnten nicht nur bohren und drehen, die konnten auch Pressen und Stanzen bedienen und sie beherrschten die neuen Tiefziehtechniken. Und da waren dann die traditionellen Fahrradhersteller, deren neue „Niederräder“ – so nannte man die auch heute noch üblichen Fahrräder mit gleich großem Vorder- und Hinterrad – gerade zum Renner wurden, wenn auch nahezu unerschwinglich im Preis. Die Hersteller waren in der Regel Büchsenmacher und die ersten Fahrradhersteller waren denn auch Waffenfabriken in Europa. Die konnten Rohre aufbohren und Naben aus Vollmaterial drehen. Das dauerte alles sehr lange und Ergebnis waren entsprechend teure, einzeln gefertigte Handwerksstücke: Fahrräder für die oberen Zehntausend eben.

Schoeninger hatte zwei Ideen, die so genial wie einfach waren. Er baute Fahrräder. Aber nicht für die da oben, sondern für den Massenmarkt. Sie waren so preiswert, dass sich die Arbeiter Amerikas und Europas seine Fahrräder kaufen konnten. Schoeninger machte die Massen mobil. Nach dem Stadtbrand gründete er mit geliehenem Geld 1872 seine Western Wheel Works. Zum einen führte er die Fließbandproduktion ein. Bisher gab es das nur in amerikanischen Schlachthöfen. Jeder Arbeiter verrichtete an seiner Stelle die immer genau gleichen Arbeiten. Nicht der Arbeiter produzierte aus vielen Teilen ein Einzelstück bis zur Fertigstellung, sondern die von ihm zu bearbeitenden Teile kamen an ihm vorbei. Zum anderen kaufte Schoeninger Pressen und Stanzen. Spanlose Press-Stanz- und Tiefziehtechniken revolutionierten den Fahrradbau. Das einzig Traditionelle in seinem Betrieb waren die deutschen Handwerkerzeiten. Morgens um 9.30 Uhr stand alles still – Vesperzeit.

Seine Schwiegersöhne Otto Unzicker und Richard Böricke traten in den Betrieb ein. Am wichtigsten war sein späterer Nachfolger Reuben L. Coleman. Coleman war ein Marketinggenie. Schon früh entdeckte er Radrennen als Marketingaufgabe und stieg entsprechend in den Markt ein. Zusammen mit Schoeninger entwickelte er die Idee, dass Fahrräder Namen tragen sollten, und

Mit Anzeigen für Fahrräder der Marke Crescent wurden besonders Frauen umworben.

so schufen sie die Marken Rob Roy, Juno und Crescent. Sie verkauften die Räder über wertvolle Kataloge, die sie massenhaft drucken und verteilen ließen. Eine ganze Generation junger Graphiker konnte sich hier verwirklichen. Die Kataloge waren so schön, dass sie auch in Arbeiterhäusern nicht weggeworfen wurden – jedes Jahr gab es einen neuen, noch schöneren. Gerade die Marke Crescent betonten sie als besonders „weiblich". Mit eigenen Anzeigen und Plakaten wurden die Frauen ermutigt, selbst zu entscheiden und endlich Fahrrad zu fahren. Bereits 1891 produzierte man mit rund 1000 Leuten 25 000 Fahrräder im Jahr. 1895 waren es bereits 57 000. Sie wurden auch nach Europa und Deutschland exportiert.

Jetzt konnten sich auch die Arbeiter ein Fahrrad leisten. Die Lehrlinge traten in Arbeiterfahrvereine ein. Dort konnte man auch

Fahrräder leihen, schließlich hatte man als Azubi im ersten Lehrjahr keinen Pfennig übrig. Aber damit verlor das Fahrrad seine Besonderheit bei den oberen Zehntausend. Die begannen nun, sich für den Motor zu interessieren. Das war die Stunde der Motorenhersteller, die nun Fahrzeuge mit Motoren ausrüsteten und herstellten. Technikgeschichtlich interessant ist, dass Daimler, Benz, Peugeot, Opel und Co. bei ihren ersten Modellen nicht auf die Kutschen zurückgriffen und diese mit Motoren, Getriebe und Lenkung ausrüsteten. Die ersten Motoren konnten die schweren Kutschen gar nicht bewegen. Sie griffen auf Fahrräder zurück, und so sehen die ersten Automobile, die wir heute in den Museen bewundern, auch eher aus wie Dreiräder oder eben Vierrad-Fahrräder mit Antriebsmotoren.

Im Jahr 1900 starb Adolph Schoeninger. Kurz darauf ging auch seine Firma Western Wheels Works pleite. Die Fahrradproduzenten auf der ganzen Welt hatten die Arbeitsmethoden Schoeningers überall nachgemacht, Fahrräder herzustellen wurde wieder ein begrenzter Markt, und wer es sich leisten konnte, hing dem Traum vom Auto nach. Die Fahrräder waren zu billig geworden, Western Wheels Works zu groß, und man hatte es versäumt, rechtzeitig nach neuen Produkten, neuen Ideen und neuen Märkten zu schauen.

Schoeninger demokratisierte nicht nur das Fahrradfahren, sondern indirekt auch die Mode. Denn die Mädels wollten auch aufs Rad. Dazu musste sich die Damenmode radikal ändern. Wenn die führende österreichische Frauenrechtlerin Rosa Mayreder 1905 schrieb: „Das Bicycle hat zur Emanzipation der Frau aus den höheren Gesellschaftsschichten mehr beigetragen als alle Bestrebungen der Frauenbewegung zusammen“, so mag das auch für die Bauerntöchter und Dienstmägde gegolten haben.

Die Verfechterin der Reformation
im katholischen Allgäu

Anna von Lodron

(um 1495–1556)

Auch dieses Buch mangelt daran, dass immer nur Männer dargestellt werden. Gibt es denn keine knitzen Frauen, welche die Welt bewegten? Knitze Schwäbinnen gibt es bis heute, nur konnten sie früher die Welt nicht bewegen. Sie hatten nämlich einfach nichts zu sagen – jedenfalls nicht im öffentlichen weltlichen und kirchlichen Raum. Bis ins 19. Jahrhundert hinein waren sie rechtlos. Ihre Unterschrift war nichts wert. Sie waren komplett und immer von den Männern abhängig. Erst bestimmten die Väter über sie, dann die Ehemänner. Gab es keine mehr, bekamen sie einen Vormund. Frauen, die sich dem entzogen und „vom eigenen Brot" leben wollten, sprich selbstbestimmt sein, wurden als „Eigenbrötlerinnen" scheel angesehen und vom Gemeinderat immer wieder genötigt, doch einen Witwer zu heiraten. Von der Bildung waren sie oft ausgeschlossen, in Württemberg reichte es zwar bis zur allgemeinen Volksschule – ein Ergebnis der Reformation – doch mussten die Väter immer wieder, teils durch horrende Strafen, dazu angehalten werden, ihre Mädchen auch in die Schule zu schicken, mindestens im Winterhalbjahr. Für Haus und Hof hatten die Frauen zu sorgen, abends wurde geflickt und gestopft. Keine Frau hatte Zeit, bei einem Kienspan zu schreiben – wenn man etwas Geld hatte, reichte es sogar zu einer Kerze – oder gar Korrespondenz zu führen. Und wenn es doch Briefe gab, haben die Erben sie in der Regel als wertloses Zeug verbrannt. Noch bis in die 1950er Jahre hinein konnte eine Frau in Deutschland weder ein Konto ohne Einwilligung ihres Mannes eröffnen, noch einen Beruf ergreifen. Unterschrieb er nicht, kam es nicht dazu.

Deshalb haben wir historische Zeugnisse von Frauen nur, wenn sie angeklagt wurden oder Streit mit der Obrigkeit hatten. Denn dann gab es Bürokratie und Bürokratie liebt schriftliche Vorgänge, die man archivieren kann. Das sind heute unsere einzigen Quellen.

So war es auch bei Anna von Lodron. Eigentlich war sie Italienerin. Aus Italien ausgewandert und hier eingewandert. Aber weil man nicht Schwabe von Geburt ist, sondern durch Haltung, bekommt sie hier ihre Würdigung. Als Vorbild für die vielen Schwaben heute, deren Geburtsort eigentlich woanders liegt, aber die hier in Schwaben manchmal schwäbischer als die Schwaben selber sind.

Ihre schwäbische Geschichte beginnt mit ihrer Heirat am 11. September 1519 mit dem schwäbischen Landsknechtführer Georg von Frundsberg aus Mindelheim. Der war aus heutiger Sicht ein Warlord, der sich und seine Soldaten als Söldner verkaufte. Frundsberg verkaufte sich und seine Leute aber immer nur an einen Kunden – den Kaiser. Für den zog er sein Leben lang in jeden Krieg. Georg von Frundsberg, der von seinen Soldaten liebevoll den Titel „Vater der Landsknechte“ bekam, war der Erfinder der

Uniform. Er brachte seinen Leuten nicht nur einigermaßen Ordnung und Disziplin bei. Er ließ seine Soldaten nicht als zügellosen Haufen ins Gefecht stürmen, sondern in gemeinsamer Schlachtordnung. Er führte den militärischen Gruß ein – wer seine Hand an den Kopf mit der Innenfläche zum Gruß nach außen erhob, zeigte damit gleichzeitig, dass er keinen Dolch in der Hand führte. Seine Truppen trugen außerdem einheitliche Farben, keine Lumpen, sondern geschlitzte Gewänder. Später übernahm das Michelangelo im Auftrag des Papstes, als er die Schweizer Garde des Papstes neu einkleiden sollte. Die Schweizer Garde trägt diese Uniform bis heute. Das war das erste und für mehrere Jahrhunderte das einzige Mal, dass aus Deutschland eine internationale Mode entstand.

Für den Kaiser führte Frundsberg mehrere Kriege gegen die Republik Venedig. An seiner Seite kämpfte Georg Ludwig von Lodron, ein Adeliger aus dem Trentino, Annas Bruder.

Als Georg von Frundsbergs erste Frau starb und er mehr als ein Jahr schon Witwer war, heiratete er Anna von Lodron. Ob sie gefragt wurde? Wir wissen es nicht. Sie sah gut aus, war intelligent, sprach mehrere Sprachen. Die Heirat mit Frundsberg war ein sozialer Abstieg. Aus dem Hochadel Trentinos kommend, aufgewachsen in einem Palast in Trient, war Mindelheim mit seiner Ritterburg und seinem Söldnerführer ein Kulturschock. Vermutlich hatte sie keine andere Wahl.

Sie übernahm die Mutterschaft von sieben Kindern, die bereits da waren, selber gebar sie drei Kinder, die allerdings alle schon früh verstarben. Der Kaiser machte ein standesgemäßes Hochzeitsgeschenk, konnte es jedoch nicht bezahlen, die Augsburger Fugger mussten einspringen und ließen sich dafür noch ein paar Silberminenrechte im gerade entdeckten Amerika übertragen.

Georg von Frundsberg war in der Regel im Ausland. Der Kaiser führte ständig Krieg – Frundsberg befehligte die kaiserlichen Truppen und unterhielt ein eigenes Söldnerheer zusätzlich. Allerdings zahlte der Kaiser den ausgemachten Sold nicht. So blieben die Truppen ohne Geld. Mehr als einmal bezahlte Frundsberg wenigstens sein eigenes Heer aus seiner Tasche. Das Geld musste Anna daheim besorgen und erwirtschaften. Kurz: Ohne Anna zuhause konnte Georg draußen nichts erreichen. So verpfändete sie mehr als einmal die kaiserlichen Hochzeitsgeschenke. Denn wenn die Söldner kein Geld bekamen, machten sie sich selbständig und zogen mordend, plündernd und vergewaltigend durch die Lande. Wer sich wehrte, dem setzten sie „den roten Hahn aufs Dach" – sprich: zündeten alles an und hinterließen zusätzlich noch verbrannte Erde.

Am schlimmsten war das 1527. Georg von Frundsberg befehligte die kaiserliche Armee – 24 000 Mann unter Waffen – in Italien. Schon ein Jahr lang hatte der Kaiser keinen Sold mehr bezahlt. Als es endlich zum Frieden kam, verdammte der Papst den gegnerischen Anführer. Damit war seine Unterschrift unter dem Friedensvertrag nichts mehr wert. Kein Frieden, keine Auflösung der Heere. Aber auch keinen kaiserlichen Sold. Denn der Kaiser war mal wieder pleite. Da waren die Söldner nicht mehr zu halten. Sie zogen nach Rom und begannen, die Stadt einzunehmen und zu plündern. Die Schweizer Garde schützte mit 147 Mann die Flucht des Papstes in die Engelsburg. Alle 147 Schweizer Gardisten wurden im Kampf getötet. Der Papst erreichte mit knapper Not die Engelsburg, war darin eingeschlossen und wurde so zum Gefangenen von Kaiser Karl V., der ihn nur freiließ, nachdem der Papst versprochen hatte, ihn zu krönen und damit als Kaiser zu bestätigen. Die Kaiserkrönung 1520 in Aachen hatte der Kölner Erzbischof vorgenommen. Die Söldner wüteten in der Stadt – die Plünderung Roms ging in die Weltgeschichte ein – der „Sacco di Roma" wurde weltbekannt. 80 Prozent der römischen Kunstschätze holten sich die Soldaten. Die herrschenden Häuser Europas wa-

Die Zeichnung zeigt Anna von Lodron (rechts).

ren auf lange Zeit geschockt. Die Schweizer Garde vereidigt bis heute ihre neuen Rekruten im Vatikan jedes Jahr am 6. Mai. Genau an diesen Tag fiel 1527 die gesamte Schweizer Garde den Schwaben zum Opfer.

Daheim verwaltete Anna die Besitztümer, stritt sich mit Kirche und Magistrat der Stadt, versorgte die Kinder und war Herrin auf der Burg und dem gesamten Besitz. In Tirol hatte sie auch noch Besitz. Bei ihrer Heirat brachte sie den in die Ehe ein und verwaltete ihn seither selber. Unter den Bedingungen des 16. Jahrhunderts war sie eine sehr selbstbewusste herrschende Frau. Ähnlich wie Katharina von Bora – die „Lutherin“ von Wittenberg.

Sie baute in der Mindelheimer Burg eine reiche Bibliothek auf. Alle Schriften Luthers, Melanchthons und Zwinglis erwarb und las sie. Den Allgäuer Reformator Johannes Wanner lud sie ein, in der Pfarrkirche zu Mindelheim während der Fastenzeit 1526 wochenlang täglich zu predigen. Da Frundsberg dort das Patronatsrecht hatte, also das Recht, den Pfarrer einzusetzen und zu bezahlen, er aber in Italien war, bestimmte Anna das eben allein. Die evangelischen Predigten schlugen ein wie Blitz und Donner. Die Obrigkeit wurde aktiv. Nun kam die Bürokratie ins Spiel, sprich die oben erwähnten Akten. Anna lud Wanner auch auf die Burg ein, selbst dann, als Georg zufällig mal wieder zuhause war. Der diskutierte gerne mit und ließ seine Frau gewähren, zog sich aber immer auf seinen Eid, dem katholischen Kaiser gegeben, zurück.

Egal ob Lutheraner, Zwinglianer oder Schwärmer und Täufer – also der linke Teil der Reformation –, alle bekamen Zugang zur Burg. Anna redete mit allen. Sie war neugierig und wollte sich immer eine eigene Sicht der Dinge bewahren – und dazu gehörte eben, alles aus erster Quelle zu erfahren. Als es im Deutschen Reich üblich wurde, die Täufer und Schwärmer zu verfolgen und ihnen gar nach dem Leben zu trachten – auf der Mindelburg fanden sie Ruhe und Asyl. Hier wurden sie nicht verfolgt.

Auch nicht auf den privaten Gütern in Tirol. Natürlich waren diese Zustände dem nachbarlichen erzkatholischen habsburgischen Innsbruck bekannt. Anna bekam Post aus Österreich. Mit Untersagungen und Drohungen. Das ließ sie kalt. Als ab 1528 den Täufern die Todesstrafe drohte, ließ Anna sie in ihren Gebieten wohnen.

Als es schließlich wegen der Täufer ganz eng wurde, griff sie zu einer Schwabenlist. Sie stellte ihr Licht unter den Scheffel – wurde also „helenga“, wie das die Schwaben nennen. „Helenga“ steht für heimlich und geheimnisvoll zugleich. Sie schrieb an die hohen Habsburger, dass sie sich bemühen werde. Aber dass sie nur eine Frau sei, einen abwesenden oder nach einem Schlaganfall darniederliegenden Ehemann alleine zu betreuen habe, viele Kinder und Gesinde zu versorgen seien, Hab und Gut nur durch sie, eine schwache Frau, zu überwachen sei, und dass sie sich, sobald sie Zeit habe, selbstverständlich der Sache im notwendigen Gehorsam annehmen werde ... Bis dahin werde sie natürlich alles in ihre Macht Stehende tun, aber wer würde schon einer Frau folgen ... und so weiter und so weiter. Diese Briefe wirkten jedes Mal.

1527 hatte Georg von Frundsberg einen Schlaganfall erlitten, als er seine Truppen vor dem „Sacco di Roma“ in letzter Minute noch aufhalten wollte. Sie gehorchten ihm nicht mehr. Zurückgebracht nach Mindelheim, wurde er von Anna bis zu seinem Tode 1529 gepflegt. Auch deshalb waren ihre Briefe glaubhaft, kannten die katholischen Bayern und Habsburger doch die Verdienste „ihres“ Truppenführers Georg von Frundsberg. Anna nutzte das aus, schrieb tapfer Briefe, blieb ihren Überzeugungen treu und machte weiter wie bisher.

1533 heiratete sie Erasmus Schenk von Limpurg, der auf der Comburg nahe Schwäbisch Hall residierte. Beide trieben sie nun die Reformation im Comburger Land und in Schwäbisch Hall voran. Auch hier herrschte die katholische Kirche in der Nachbarschaft, auch hier gab es Täufer, die auf der Comburg Schutz suchten. Es war höchste Diplomatie angesagt. Beide beherrschten sie.

Anna starb 1556 auf der Comburg. Ihr Grabstein ist erhalten geblieben.

Schwabe und Schwäbin ist man eigentlich nicht durch Geburt, sondern durch Haltung. Meine italienisch-iranischen Nachbarn beweisen diese These jeden Tag. Anna von Lodron war auch so eine Schwäbin. Mit Entschlossenheit, List und Tücke – eben auch „helenga“ – hat sie sich durchgesetzt. Chapeau! Hut ab!

Aber wir wissen eigentlich nur etwas von ihr, weil die Behörden, mit denen sie sich anlegte, die Akten aufbewahrt haben.

Die schönste Schwäbin Österreichs

Philippine Welser

(1527–24.4.1580)

Eigentlich war es ein Skandal. Es hatte sich der Habsburger Thronfolger Ferdinand II. in ein bürgerliches Mädchen verliebt. Als Geliebte kein Problem. Geheiratet wurde sowieso nur aus politischen Gründen: Macht, Einfluss, Geld, Länder – das waren Heiratsgründe. Die Liebe spielte keine Rolle. Solche Gefühlsduselei kam erst mit dem erstarkenden Bürgertum im Biedermeier auf. Im knallharten 16. Jahrhundert spielte das keine Rolle. Auch bei den einfachen Leuten und Bauern nicht. Hier war Versorgung und Vergrößerung der landwirtschaftlichen Fläche angesagt, plus Altersversorgung durch die eigenen Kinder. „Schönheit vergeht! Hektar besteht!" hieß es nicht nur in Schwaben.

Doch Philippine Welser spielte da nicht mit. Sie wollte geheiratet werden. Eine Bürgerliche verheiratet mit einem Adeligen? Undenkbar. Es sei denn, still und heimlich und nur „zur linken" Seite. Was aber auch ein Skandal war. Nicht nur, dass eine Bürgerliche eine Heirat von einem Adeligen überhaupt einfordert. Also eigentlich zwei Skandale: Bürgerliche plus Heirat.

So geschehen im Januar 1557. Da heiratete der österreichische Thronfolger Ferdinand II. von Habsburg, Landesfürst von Tirol, die bürgerliche Schwäbin Philippine Welser aus Augsburg – zur Linken. Katholisch getraut durch seinen Beichtvater Johann von Cavalleriis, den späteren Domprobst von Trient. Trauzeugin war Katharina von Loxan, die Tante von Philippine, ihre Vertraute und ihre spätere Obersthofmeisterin an ihrem Hofe in Ambras. Die Tante galt als eine der schönsten Frauen ihrer Zeit. Unter der ersten Treppenstufe hinauf zum Grab der beiden Verliebten in der Hofkirche in Innsbruck ist sie selbst begraben, so als wache sie über deren Tod hinaus und lenke das Schicksal der beiden. Oder anders gesagt: Sie hat immer noch ihre Finger mit im Spiel.

Philippine Welser ist ein Beispiel dafür, warum es so schwerfällt, in all den alten Quellen Spuren von Frauen zu finden. Es ist ja nicht so, dass immer nur die Männer Heldentaten der Geschichte vollbrachten. Nur haben sie halt Spuren in Behördenakten hinterlassen. Ihre Namen gibt es auf Landkarten, Urkunden, Schenkungen, Urteilen, Akten. Frauen erscheinen aus dem Nichts allenfalls als Namen und verschwinden wieder. Sie waren, wie schon im Kapitel zu Anna von Lodron ausgeführt, rechtlos, also brauchte man ihre Unterschriften nicht. Sie konnten in der Regel weder schreiben noch lesen, kommunizierten nicht schriftlich, über sie gab es keine schriftlichen Berichte, also existierten sie nicht. Und wenn sie schreiben konnten, wurden ihre Briefe von den Nachkommen als „wertloses Zeugs“ vernichtet. Doch auch schon damals stand hinter manchem tüchtigen Mann eine noch tüchtigere Frau – alle wussten es, nur keiner schrieb es nieder. Die Frauen schon gar nicht. So steht der Geschichtenerzähler heute verzweifelt da und sucht nach den Frauen in der Geschichte. Wenn das, was über sie erzählt wurde, nicht aufgeschrieben wurde, gibt es heute auch nichts zu erzählen. Obwohl es anders war.

Porträt von Philippine Welser

Philippine Welser konnte sich alles leisten. In eine der reichsten Familien Europas hineingeboren – die Welser und die Fugger waren im 16. Jahrhundert mit die mächtigsten Kaufmannsfamilien in Europa und waren die Finanziers des Kaisers und der Eroberung Amerikas –, wurde sie sehr gut ausgebildet. Sie konnte lesen, schreiben und wurde in allen Künsten wie Musik, Malerei, Literatur und Tanz ausgebildet. Und sie muss sehr, sehr gut ausgesehen haben. Noch schöner als ihre Tante Katharina sei sie gewesen, und um diese zu sehen, waren selbst italienische Kaufmannssöhne über die Alpen gereist. Auf einem Turnier in Augsburg seien sich Philippine und Ferdinand zum ersten Mal begegnet, behauptet die Legende. Da ging alles sehr ritterlich zu. Obwohl das Mittelalter schon vorbei war. Philippine saß auf der Ehrentribüne. Die Ritter des Turniers kämpften um die Gunst der Damen. Der Gewinner von Lanzenstechen und Schwertkampf senkte seine Lanze vor der Dame seines Herzens. Sie übergab ihm ihren Haarschmuck, den er auf der Lanze aufnahm und allen zeigte. Damit war sie die Herzensdame. So die Regeln.

Philippine war, so ihr erster Biograph, „die Perle der Stadt Augsburg". Er schrieb: „Die Welser führen drei Lilien in ihren Wappen, aber Philippine war die schönste der Welser'schen Lilien, die jemals blühten." Und Ferdinand? Der galt nicht nur als Frauenheld, sondern auch als Adonis. Er hätte die längste Lanze mit nur einer Hand schleudern können und galt als einer der schönsten

Jünglinge seiner Zeit. Obwohl es damals noch keine „Gelben Blätter“ und sonstigen Zeitungen gab – der Grundstoff für Klatsch, Romanzen und Herz-Schmerz-Schmonzetten war zu allen Zeiten der Gleiche.

Er gewann natürlich das Turnier, widmete den Sieg der jungen Schönheit. Sie erbleichte und übergab ihm den Haarkranz. Das Techtelmechtel begann. So erzählt es die Geschichte.

Nachweisen kann man die beiden zusammen erst auf einer Faschingsfeier in Pilsen 1555. Sie trafen sich dann wohl auf dem Schloss in Bresnitz in Böhmen wieder. Da hatte Katharina von Loxan bereits ihre Hand mit im Spiel. Bresnitz liegt in der Nähe von Prag, Ferdinand war hier Statthalter von Böhmen.

Auf Schloss Bresnitz wohnte Philippine auch. Dort heirateten die beiden. Ihr erstes Kind – Andreas – wurde dort geboren. Dort lebte sie in völliger Abgeschiedenheit. Wie eine Gefangene.

Bekannt wurde das alles erst, als ihr gemeinsamer Sohn Andreas Bischof von Konstanz und Brixen werden sollte. Rom forderte eine Abstammungsurkunde. Das war natürlich heikel. Selbst für das Haus Habsburg in Wien. Ferdinand aber stand zu seiner Frau zur Linken. Der Papst ernannte Andreas zum Bischof, später zum Kardinal. Damit wurde alles aktenkundig und somit ein Fall der Bürokratie. Keine sichtbare Frau in der Geschichte ohne Bürokratie.

Gelegentlich kam Ferdinand auf Schloss Pürglitz vorbei, wo Philippine später mit ihrer Tante wohnte. Nicht ohne Folgen. Nach Andreas wurde dort Carl geboren, der es später zum General brachte. Danach Zwillinge, Maria und Philipp, die aber kurz nach der Geburt starben. Die Ehe war immer noch geheim, die beiden Jungs galten als Findelkinder, die von den Damen aufgenommen und versorgt wurden.

Als Ferdinand Herr von Tirol wurde, siedelte er nach Innsbruck über. Philippine und die beiden Söhne, nebst Tante, auch. Sie zogen ins Schloss Ambras ein. Die beiden Kindersärge von Maria und Philipp wurden heimlich ausgegraben, nach Innsbruck mitgenommen und in der dortigen Hofkirche begraben. 1897 hat man sie zufällig entdeckt und diskret in einem Doppelsarg erneut bestattet.

Mit der Heimlichkeit war es 1559 vorbei. Kaiser Ferdinand I. erfuhr von der nicht standesgemäßen Beziehung seines Sohnes und den sichtbaren Folgen. Er war außer sich. Es kam zur Aussprache und zu entsprechenden Szenen. Wir wissen nur vom juristischen Ergebnis dank der Bürokratie: Die Beziehung musste geheim bleiben. Die Kinder wurden von der habsburgischen Erbfolge ausgeschlossen. Mutter und Kinder wurden versorgt. Sie durften das Habsburger Wappen führen. Die Kinder hießen „von Österreich". Philippine wurde zur „Durchlauchtigsten Fürstin und Frau Philippine Markgräfin zu Burgau, Landgräfin zu Nellenburg, Gräfin von Nieder- und Ober-Hohenberg". Kurz: Der Lebensunterhalt war gesichert. Die Söhne konnten aufsteigen. Der Kaiser hatte irgendwie nachgegeben. Er hätte auch anders handeln können: alle enterben, Mutter mit Geld ins Kloster, Söhne ins Waisenhaus. Um es für ihn positiv enden zu lassen.

So weit die wissenschaftliche Historie. Die Geschichte stellt das natürlich anders da. Philippine hatte ihre Einsamkeit nicht mehr ausgehalten. Die Verpflichtung zum Versteck-Spielen war zu groß, die Zukunft der Kinder ungewiss. Als Kaiser Ferdinand I. in Innsbruck war und eine allgemeine Audienz abhielt, meldete sie sich unerkannt an, schilderte tränenreich ihr Schicksal, ohne den Vater beim Namen zu nennen. Der Kaiser, gerührt von ihrer Haltung, aber vermutlich noch mehr angetan von ihrer Schönheit (wenn der Apfel nicht weit vom Stamme fällt, sagt das ja etwas über den Stamm aus, oder?), versprach, sich ihrer anzunehmen, und als er die ganze Wahrheit erfuhr, konnte er schlecht hinter sei-

Einen Besuch wert – Schloss Ambras bei Innsbruck

nem kaiserlichen Wort zurück. Obwohl er immer noch über seinen Sohn wütend war. So die Legende.

Jedenfalls sprechen heute noch die Unterkunft in Schloss Ambras und die Bedingungen dort sehr für kaiserliches Wohlwollen. Philippine ließ sich eine Badestube einrichten, die man besichtigen kann. Es ist die einzige in Europa erhaltene Badestube der Renaissance und kommt den Bedingungen eines Wellness-Tempels recht nahe. Schloss Ambras bei Innsbruck ist wirklich eine Besichtigung wert.

Philippine residierte in Schloss Ambras. Ihre Tante Katharina auch. Sie kümmerten sich um die Ländereien, von denen sie lebten. Sie hatten ein Ohr für die einfachen Leute. Das ist wohl ein Grund dafür, weshalb es nie ein Gerede über die nicht standesgemäße Beziehung von Philippine gab. Sie war bei den einfachen Leuten sehr beliebt. Aber auch ihre Hofhaltung kam bei den Adligen, Reichen und „Adabeis“ gut an.

Denn immer noch musste alles geheim bleiben. Die Kinder galten als Findlinge. Erst als Sohn Andreas Bischof werden sollte und Rom alles wissen wollte, kam, wie schon beschrieben, Bewegung in die Sache. Der Papst enthob die beiden schließlich ihres Schweigegebots und so wurde das Ganze „amtlich". Jetzt endlich konnte man darüber reden. So funktioniert bis heute Anerkennung in höheren Kreisen.

Philippine hatte sich da längst einen eigenen Namen gemacht. Zum einen durch ein Buch über die Kochkunst, zum anderen durch ein Buch über die Heilkunst. In beidem musste sie gut bewandert gewesen sein. In ihrem Medizinbuch finden wir einen Trank gegen die Fallsucht und ein Pulver gegen den Schwindel. Es lesen sich Tipps wie „wenn ein Kind unruhig ist und nicht schlafen mag" oder „wenn man ein Kind will entwöhnen". Sie schrieb über Rezepte, von denen sie gehört hatte, gegen Zahnschmerzen und was sie empfehlen. Dazu kommentierte sie: „Ich halt' von keinem nichts; das Ausbrechen ist das Best' und beizeiten, denn einer verderbt den anderen." Historiker gehen heute davon aus, dass beide Bücher nicht von ihr waren, sondern von ihrer Mutter Anna, aber jeweils ergänzt durch eigene Kommentare.

Sie war die Seele von Ambras. Die Menschen haben das erkannt und anerkannt.

Ab 1573 kränkelte sie. Am 24. April 1580 ist sie gestorben. Ihr Grabmal in der Hofkirche in Innsbruck ist ein künstlerisches Denkmal bis heute. Sie ruht in eigener Kapelle an der Seite ihres Ferdinands.

Ab 1573 sah sich Ferdinand nach einer neuen Ehefrau um. Sein Blick mit 44 Jahren fiel auf Anna Catarina von Gonzaga – die war damals sieben Jahre alt. Er heiratete sie auch standesgemäß 1582 – da war sie 16 Jahre alt. Vorher hatte er noch heftig um die Schwedin Cäcilia, Witwe des badischen Markgrafen, geworben. Und auch um die Tochter einer anderen Tante. Das alles hatte sich zerschlagen, weil seine amourösen Abenteuer in den europäischen Adelskreisen bekannt waren und auffielen – was etwas heißen will. Also blieb nur noch Catarina. Sie wurde nicht gefragt, die Familie hat dafür jedoch den erblichen Adelstitel eingehandelt. Alles hat seinen Preis.

Eben – alles hat seinen Preis. Um als Frau in der Geschichte eine eigene Geschichte zu bekommen, ist es der Preis der Bürokratie. Ausgelöst durch Skandale, Hexenverfolgung oder Anklage als Verbrecherin. Normal zu sein wird nicht überliefert.

Welch ein Klang! Das muss eine echte Stradivari sein!

George Gemünder

(13.4.1816–15.1.1899)

War es aber nicht. Es war eine Gemünder-Geige. George Gemünder empfing oft Musiker in seiner Werkstatt in New York und ließ sie mit alten und neuen Geigen musizieren und vergleichen. Ihm gefiel das Spiel, die anerkannten Violinisten zu fragen, welche denn nun die alte und welche die neue Geige sei. Sie sahen beide alt und wertvoll aus. In der Regel gewannen die neuen, auf „alt“ gemachten Geigen das Rennen. Die Streicher waren überzeugt, eine alte wertvolle italienische Geige zu spielen. Gemünder blamierte sie gerne. Klar, dass er so weder Freunde noch Kunden gewann.

Diebische Freude musste es ihm bereitet haben, seine Geigen zu einem internationalen Wettbewerb 1873 nach Wien eingesandt zu haben. Um den Preis der besten Geigenimitation der Welt bewarb er sich mit seiner Kaisergeige „Wilhelm“. Er wurde vom Wettbewerb ausgeschlossen mit der Begründung, das sei gar kein Imitat, sondern das sei eine echte aufgefrischte Geige des berühmten italienischen Geigenbaumeisters Guarneri. In seiner Biographie beschrieb sich George selber: „Wo die italienischen Meister mit ihrer Wissenschaft geendet haben, hat Georg Gemünder angefangen und es zu größerer Vollkommenheit gebracht.“

Georg Gemünder wurde am 13. April 1816 in Ingelfingen als Sohn des fürstlichen Geigenbauers Johann Georg Heinrich Gemünder geboren. Ingelfingen war bis 1805 fürstlich-hohenlohisch, ab 1806 dann königlich-württembergisch. Vater Gemünder wartete die Instrumente und insbesondere die Geigen, Violinen, Bratschen, Cellos und Kontrabässe des fürstlichen Orchesters. Sohn Georg attestierte ihm aber später einmal, der alte Herr habe keinerlei künstlerische Fähigkeiten in seinem Handwerk gehabt. Die Familie Gemünder hatte drei Söhne, Albert, Georg und August. Bis zum Tode des Vaters 1835 arbeiteten alle drei in der väterlichen Werkstatt mit. Eines Tages bekam der Vater vom Prinzen von Hohenlohe den Auftrag, sich vier Streichinstrumente des Prinzen anzusehen und neu einzustellen. Alle vier waren aus der Werkstatt von Stradivari. Die drei Jungs haben sich die Instrumente des weltberühmten Geigenbauers aus Cremona genau angesehen.

Georgs Bestimmung war es eigentlich, Lehrer zu werden. Aber nach drei Wochen Lehrerseminar war er wieder zuhause und lernte beim Vater Geigenbauer. Nach dessen Tod 1835 übernahm Albert die Werkstatt und Georg ging auf Wanderschaft. Sein Weg führte ihn über Pest (heute Budapest), Preßburg, Wien, München und Straßburg nach Paris. Überall arbeitete er bei angesehenen Geigenbaumeistern.

In Paris arbeitete er bei Jean Baptiste Vuillaume, einem der wichtigsten Geigenbaumeister des 19. Jahrhunderts, wenn nicht sogar dem besten. Vuillaume wollte Gemünder nach der ersten Begegnung gar nicht anstellen, als er bei der Begrüßung feststellte, dass Georg Gemünder kein Wort Französisch sprach und verstand. Aber dann gab er ihm ein Werkstück und schaute zu, wie Gemünder arbeitete. Georg wurde eingestellt und gehörte schon bald zum inneren Kreis der besten Handwerker um den Meister. Vuillaume hatte sich besonders dem Geigenbau der Cremoner verschrieben und baute Geigen in deren Stil. Und baute die Klassiker nach. Sein Lehrer war wiederum Nicolas Lupot gewesen, den man den „Stradivari Frankreichs“ nannte. Alle diese Namen baute Georg Gemünder später in seine eigene Marketingstrategie mit ein. So ganz nebenbei natürlich nur. Denn er bezeichnete sich als den Besten.

Alle berühmten Stargeiger der damaligen Zeit besuchten Vuillaume, wenn sie in Paris waren. So auch der berühmte norwegische Violinist Ole Bull. Er hatte an seiner Caspar-da-Salo-Geige einen Kratzer im Holz entdeckt und brachte seine Geige zur Reparatur. Vuillaume gab sie Gemünder zum Ausbessern. Ole Bull war des Lobes voll über den Meister, der Kratzer war nicht mehr zu sehen. Mit seiner Geige feierte er auf der ganzen Welt Triumphe.

1852 war Ole Bull in New York und wurde der Star des Broadways. Mit seiner Caspar-da-Salo-Geige besuchte er den Laden Gemünders, zeigte ihm seine Geige und lobte Vuillaume in Paris als besten Geigenbauer und sagenhaften Reparateur seiner Geige. Als Gemünder ihm sagte, dass nicht Vuillaume seine Geige repariert habe, sondern er, glaubte ihm Ole Bull nicht. Gemünder zeigte ihm genau die Stelle der Reparatur, an der man eigentlich nichts mehr sehen konnte, beschrieb den Kratzer. Ole Bull war sprachlos.

Was Gemünder aber auch noch in Paris lernte, war, nicht nur zu arbeiten wie der Meister, sondern auch einen Musikalienladen zu führen. Wobei managen das richtigere Wort ist. Zunächst einmal stellte Vuillaume nur die besten Handwerker ihres Fachs an und ließ sie nur das machen, was sie jeweils am besten konnten. So ging jede Geige durch viele Hände, an den meisten brachte Vuillaume lediglich zum Schluss noch seine persönlichen Initialen an. Das gleiche Prinzip wandte er auch bei der Bearbeitung der Oberflächen der Geigen an. Die besten Fachleute bearbeiteten die Oberflächen der Hölzer so lange, bis jede Geige „individuell" gemacht aussah und durch das Zusammenspiel all dieser Faktoren ihren jeweils eigenen Klang bekam. Zudem kaufte er in ganz Europa alte Hölzer zu den höchsten Preisen auf und unterhielt damit das teuerste Holzlager der Welt, aber vermutlich auch das beste und wertvollste. Aber eben auch die am längsten abgelagerten, ältesten und damit brauchbarsten Ausgangsprodukte für den Geigenbau. Am Schluss gab er allen seinen Geigen ein Cremoner „Finish", sie sahen nun alle aus wie die alten Originale. Selbst Spezialisten haben Schwierigkeiten, eine Stradivari von einer Vuillaume und einer Gemünder zu unterscheiden.

Dieses System des Managements machte Gemünder später nach. Sein Bruder August auch. Nur fügte der noch Marketing hinzu.

1846 waren Georgs Brüder August und Albert in die USA ausgewandert. Sie schrieben ihm, dass das Interesse an europäischer Musik riesengroß sei und sie mit ihm zusammen eine Band gründen wollten. Georg kündigte bei Vuillaume, was der entsetzt zur Kenntnis nahm. Sein Weggehen nach den USA war für seinen Chef ein „Verschleudern eines Talentes". Georg ging trotzdem.

Die Band wurde gegründet. Sie spielten mit einigem Erfolg im Mittleren Westen. Nur als ihr Agent mit den Einnahmen durchbrannte, fingen sie wieder von vorne an. Bei null.

August und Albert machten als Orgelbauer weiter und Georg, der nur wenig Englisch sprach, machte sich als Geigenbauer in Boston selbständig. Mit 25 Dollar fing er an. Und selbst die waren noch von einem Freund geliehen. Er baute Geigen und bot sie für 50 Dollar an (nach heutiger Kaufkraft: 1470 Dollar). Aber hauptsächlich reparierte er Musikinstrumente. Er bezeichnete sich als „Geigenbaumeister“, und wie um es sich zu beweisen, baute er sechs Geigen und sandte sie zu einem Wettbewerb in die Weltausstellung 1851 nach London. Gleichzeitig beschloss er, nach New York umzuziehen.

New York war damals die Musikhauptstadt der Staaten. Die Philharmonische Gesellschaft wurde dort 1842 von Deutschen gegründet. In der Stadt gab es allein 60 deutsche Gesangvereine. Das einzig nennenswerte professionelle Orchester der USA spielte dort. Unter den Neureichen wurde es üblich, teure Geigen zu kaufen – und George Gemünder (den Vornamen hatte er amerikanisiert, den Nachnamen mit dem Umlaut nie) war der einzige Geigenbauer in der Stadt. 18 Monate, nachdem er seine Geigen nach London zum Wettbewerb geschickt hatte, kam die Nachricht. Sie alle hatten Ehrenpreise gewonnen, eine sogar einen ersten Preis. Dabei waren ein Stradivari-Nachbau und Nachbauten einer Amati und einer Guarneri. Alle drei wurden von den damals berühmtesten Violinisten geprüft. Einer davon, der damals neben Paganini berühmteste Geiger seiner Zeit, Ludwig Spohr, schrieb: „Dies sind die ersten wirklich guten neuen Violinen, die ich jemals gesehen und versucht habe.“ So war es kein Wunder, dass er von nun an regelmäßig auf allen europäischen Ausstellungen mit seinen Geigen präsent war – und immer gegen das Vorurteil antrat, heutige Geigen kämen niemals an den Sound der alten Meisterwerke heran.

Aber neben der Fähigkeit des Bauens edler Geigen, die auch

heute noch ihre Liebhaber bei Auktionen finden, gab es noch eine andere Seite des George Gemünder. Er konnte auch Schrott herstellen. Und den teuer verkaufen und sich dabei über seine „dummen Kunden“ lustig machen. Er war extrem eitel und ein Meister der Arroganz und Überheblichkeit. In seiner Autobiographie lobte er sich selber in den Himmel. „Es gibt keinen besseren Geigenbauer, der mich überbieten könnte.“ Was in den USA als normale Werbung durchging, wurde ihm in Europa als „Marktschreiertum“ angekreidet und verabscheut.

Im Alter war er davon überzeugt, er sei so genial, dass er nicht mehr zu den Kunden gehen müsse. Diese müssten vielmehr zu ihm kommen.

Das taten sie aber sehr selten. Denn George Gemünder hatte die Schnapsidee, seinen neuen Betrieb in Astoria auf Long Island anzusiedeln. Weil es noch keine Brücken gab, mussten nun die Kunden per Boot zu ihm kommen. Das taten aber nur die wenigsten.

Dafür gingen die Kunden zu seinem Bruder August. Der hatte sich als Orgelbauer durchgeschlagen, analysierte den Markt und eröffnete schließlich mitten in Manhattan ein eigenes Geigengeschäft. Seine Geigen erreichten die Spitzenprodukte seines Bruders nicht. Aber statt arrogant und eitel war er ein höflicher, angenehmer Gesprächspartner. Er brachte die ersten Musikzeitungen Amerikas heraus und redigierte sie, natürlich immer mit dem Hinweis auf die eigenen Produkte. Seine Hochglanzkataloge waren Topprodukte der Druckindustrie und gingen von Hand zu Hand in Künstlerkreisen. Dem spanischen Violinisten Pablo de Sarasate baute August eine Kopie seiner wertvollen Amati und der Stargeiger erzählte überall, dass die Kopie dem Original gleichwertig sei. Seine Kopien von Stradivari und Guarneri waren bei reichen Amateuren beliebt. Er galt als der beste Kontrabass-Hersteller der USA. August verstand aber auch etwas von Lacken und Finish. Er kaufte in großem Stil die Jahresproduktion der europäischen Geigenbauer ein. Es waren normale Geigen – sie waren der Mode der Zeit entsprechend weiß gestrichen, aber alle in Handarbeit gefertigt. In den USA wurde der weiße Lack abgekratzt, nun kamen die rotbraunen Stradivari-Lacke drauf, zum Teil wurden auch noch andere Hölzer verbaut, die einen wärmeren Klang gaben, und August verkaufte die Geigen dann mit sehr hohem Gewinn an sein betuchtes Publikum. Kurz: Während es um das Genie George immer dunkler wurde, erstrahlte der Stern August in neuem Glanz. George brach jeglichen Kontakt zu seinem Bruder ab.

George Gemünder starb am 15. Januar 1899. Da war seine Firma nahezu konkursreif. Sein Sohn George jr. betrieb sie weiter recht und schlecht. Nach dessen Tod 1915 wurde sie an einen anderen Einwanderer verkauft.

Unterschiedlicher hätten Brüder kaum sein können. Der Dritte im Bunde, Albert, arbeitete bei George bis 1867, ging dann nach Ohio. Dort verliert sich seine Spur, nachdem er noch als Orgelbauer und Erfinder drei US-Patente erfolgreich angemeldet hatte: ein Patent für eine verbesserte Orgelpfeife, ein Patent für eine Selbstschussanlage gegen wilde Tiere und ein Patent für einen Propellerantrieb für Schaufelraddampfer, synchronisiert mit den Schaufelrädern.

Strippen gab es immer umsonst

August Aschinger

(8.4.1862–28.1.1911)

Das hatte es in Berlin und anderswo noch nicht gegeben: ein Lokal, auf dessen Tischen immer Körbchen voller „Wecken“ standen, in Berlin „Strippen“ genannt. Und die waren umsonst. Man konnte davon essen, so viel man wollte. Senf stand gleich daneben. Hauptsache, man trank ein Bier. Und dann der Name: „Bierquelle“. Auf so einen Namen musste man erst mal kommen. So konnte man dann auch mehrere „Bierquellen“ in der Stadt einrichten. Außerdem mussten die Gäste sich selber am Büfett bedienen – auch das war völlig neu. Dazu gab es Stehtische und das Bier wurde vor den Augen direkt ins Glas abgefüllt. Allerdings nur literweise.

Für die Menschen in Berlin war das alles zusammen 1892 eine Sensation. Da hatte einer, lange bevor es einen Namen dafür gab, das „Fast Food“ erfunden. Die Wecken, pardon, Strippen gingen buchstäblich weg wie warme Semmeln – nach kurzer Zeit schon über eine Million Stück pro Woche. Der Schwabe August Aschinger hatte mitten in Berlin die Schnell-Gastronomie erfunden.

August Aschinger wurde am 8. April 1862 als zehntes von elf Kindern in Oberderdingen im königlich-württembergischen Oberamt Maulbronn des Küfers Andreas Aschinger und dessen zweiter Frau Dorothea Götz geboren. Die erste Frau starb im Kindbett.

In der Volkszählung von 1870 hatte Oberderdingen 1310 Einwohner. Fast alle lebten vom Ackerbau, ein bisschen Vieh, keine Pferde, Obst- und Weinbau kam noch hinzu, spielte aber keine Rolle. Im Ort gab es keine Industrie, allerdings vier Schildwirtschaften. Also Wirtschaften, die ein Wirtshausschild führen durften. Das signalisierte den durchreisenden Kaufleuten und Fuhrleuten, dass es einen Stall mit Futter, Abstellplatz für die Kutschen und Fuhrwerke, Übernachtungszimmer und eine Gaststube gab, in der man etwas Warmes essen konnte. Nur wenn diese Bedingungen erfüllt waren, wurde der Betrieb einer Schildwirtschaft genehmigt. Es gab zwei Brauereien im Ort. Vater Aschinger kümmerte sich um die Wein-, Bier- und Mostfässer – wenn es Arbeit gab. Ansonsten war er wie alle anderen Landwirt.

Der Vater starb früh und die Witwe hatte nun noch acht Kinder durchzubringen. Der Hunger wurde zum ständigen Begleiter. Aber auch zur Herausforderung. In Oberderdingen jedenfalls sah August keine Zukunft für sich. Sein ältester Bruder war in der Zwischenzeit in Berlin gelandet. Die Brüder August und Carl zogen zu ihm. Auswandern konnten und wollten sie nicht – es gab auch keine finanzielle Möglichkeit für die beiden. Aber Berlin boomte. So zogen die beiden Brüder 1880 nach Berlin. August arbeitete als Koch, Carl als Kellner.

1888 heirate August in Berlin Helene Neumann. Die Braut brachte etwas Geld in die Ehe mit. Mit diesem Geld machte er sich

Das Aschinger lag zentral im Herzen Berlins.

als Gastronom im neuen Sedan-Panorama mit einer Gastwirtschaft selbständig. Bruder Carl zog mit. Allerdings war August immer der führende Kopf und die treibende Kraft.

Ins Sedan-Panorama kam viel Laufkundschaft, die es immer eilig hatte. Ein normaler Gaststättenbetrieb war da viel zu schwerfällig und langsam. Zusätzlich kamen Arbeiter aus den naheliegenden Betrieben – und die hatten nicht viel Geld. Gediegene Gaststätten gab es genug. Mit was sollte sich da Aschinger unterscheiden? Warum sollte man ausgerechnet zu ihm gehen?

August Aschinger hatte eine neue Geschäftsidee und probierte das in Berlin-Kreuzberg, einem Arbeiterviertel, aus. Er eröffnete die „Bierquelle“ als Stehbierhalle. Stehbierhallen gab es schon. Aber keine war so hell und sauber eingerichtet wie seine „Bierquelle“. Kronleuchter an der Decke, farbige Tapeten in weißer und blauer Farbe – nichts war schmuddelig. Die Angestellten

Für Aschingers „Bierquellen" wurde sogar mit Postkarten geworben.

hatten alle weiße Dienstkleider an, die vom Chef gestellt wurden und täglich frisch waren. Alles musste immer „picobello" sein. Auf den Tischen standen die schon bald berühmten Körbchen mit den „Aschingerstrippen". Bedient wurde nur am Bierausschank und an der Kasse – also hinter der Theke, es herrschte Selbstbedienung. Das hatte es in Deutschland vorher noch nicht gegeben. Der Gast kam an einer gläsernen Theke vorbei – der „Kaltmamsell". Aschinger hatte diese Vitrine mit belegten Brötchen mitsamt dem Namen erfunden.

Schon im dritten Jahr nach der ersten Eröffnung wurden in seinen „Bierquellen" täglich 20 000 Stück belegte Brötchen verspeist. Aschinger hatte den Nerv der Zeit, genauer den Magen der Zeit, getroffen. Genauso großer Beliebtheit erfreute sich der von ihm so genannte „Hackepeter" – Brötchen mit rohem Hackfleisch und Zwiebeln belegt. Dazu das offen ausgeschenkte Bier im Literglas. Wurde ein neues Fass angestochen, ertönte eine Glocke als

August Aschinger †
der bekannte Berliner
Restaurationsunternehmer

Zeichen der Frische. Manche Berliner konnten diese Glocke nicht oft genug läuten hören.

Nach wenigen Jahren schon hatten August und Carl Aschinger ein Imperium von 23 „Bierquellen“, 15 Konditoreien und acht Restaurants (diese dann mit grün-goldenen Tapeten, das waren die Alt-Berliner Konditoreifarben). Neben der „Kaltmamsell“ wurde schon bald eine „Warmtheke“ eingeführt, in der so berühmte Speisen wie „Erbensuppe mit Speck“, „Eisbein mit Kartoffelpüree“ oder schlicht warme Würstchen mit Kartoffelsalat angeboten wurden. Dies alles wurde dank der niedrigen Preise zu Rennern und prägten die Berliner Küche. Eigentlich wurden die Aschingers zu Erfindern der Berliner Küche – nur den schwäbischen Kartoffelsalat mit Fleischbrühe konnten sie nicht durchsetzen. In Berlin muss es Mayonnaise sein.

Bereits 1895 mussten die Aschingers täglich 100 kg Lachs, 75 kg Tatar, 3500 Würstchen und 550 kg Kartoffelsalat auf den Tisch stellen. 1910 waren es schon 20 000 Würstchen, 500 kg Senf und 2,5 t Kartoffelsalat. Täglich, wohlgemerkt. Man wurde den Eindruck nicht los, ohne die beiden Schwaben wären die Berliner verhungert.

Mit der Zeit deckten die Aschingers jeden Bedarf und jeden Geldbeutel ab. Gegenüber dem neuen Kaufhaus Wertheim eröffneten die Aschingers eine „Bierquelle“ mit eigener Konzerthalle. In ihren Restaurants bauten sie Billardtische und Tanzsäle ein. Alles aber blieb immer noch für Otto Normalbürger bezahlbar. Ganz oben siedelten sie sich mit dem „Hotel Fürstenhof“ an, mit dem „Palasthotel“ und dem „Weinhaus Rheingold“ am Pariser Platz.

Die Aschingers betrieben den größten Gastronomiebetrieb Europas. Der Satz „mal schnell bei Aschinger 'nen Happen essen" wurde zum geflügelten Wort.

August Aschinger starb mit 48 Jahren am 28. Januar 1911 in Berlin-Charlottenburg. Seine Kinder führten das Geschäft fort und ließen sich mit den Nazis ein. So war es kein Problem, das der jüdischen Familie Kempinski gehörende Hotel „Haus Vaterland" zu „arisieren", also sehr billig zu erwerben, genauso wie das legendäre „Café Kranzler" am Kurfürstendamm. Im Krieg gingen 80 Prozent der Aschinger-Immobilien in Flammen auf.

Nach dem Krieg funktionierte gar nichts mehr. 1967 monierte ein Gast, dass ja jeder in die Strippen auf dem Tisch mit seinen Fingern reinlangen und Keime verbreiten könne. Nun gab es die Strippen nur noch auf dem Tresen auf Nachfrage. Aber da ging keiner mehr mehrfach hin. Der Ruhm war vorbei.

Es ist schon ein Witz der Geschichte, dass ausgerechnet in dem Stadtteil Kreuzberg, in dem es zum guten Ton gehört, an jeden Laternenmasten einen „Schwaben-raus!"-Sticker zu kleben, einst zwei Schwaben die Grundversorgung der Bevölkerung mit großem Erfolg sichergestellt haben. Und nicht nur dort.

Eigentlich sind die Schwaben nach Berlin nur dorthin zurückgekehrt, wo sie schon einmal waren. Kein Witz: Die ältesten Besiedler des Sandbodens Berlins waren Alamannen auf der Völkerwanderung vom „Mare Suevicum" – die Ostsee war ein schwäbisches Meer, denn die Alamannen oder Sueben siedelten einst zwischen Königsberg und St. Petersburg – in den Süden der Republik. Im Stadtteil Neu-Cölln fand man die ältesten Siedlungsspuren Berlins: einen alamannisch-schwäbischen Friedhof. Damit ist Berlin eindeutig die älteste schwäbische Stadt.

Von einem Schwaben, der auszog, der Welt Fremdsprachen beizubringen

Maximilian D. Berlitz

(14.4.1852–6.4.1921)

Die Schlagzeilen der Berliner Presse gehörten 1880 Maximilian D. Berlitz. Der Amerikaner kam nach Berlin und eröffnete dort eine Sprachschule für Englisch und Deutsch. Die Presse war außer sich: Ausgerechnet ein Ami kommt zu uns, um uns – dem Zentrum der Bildung – beizubringen, wie man Sprachen lernt. Sollte doch am deutschen Wesen die Welt genesen. Welche Kühnheit, um nicht zu sagen Tollkühnheit. Bei seiner ersten Pressekonferenz lächelte Berlitz verschmitzt durch seinen roten Bart und forderte die deutschen Professoren heraus. Er sei nicht gekommen, um den Deutschen Sprachen beizubringen. Er sei gekommen, um zu zeigen, wie man das richtig macht. Er wurde das Gespräch der Berliner Salons – und zeigte sich dort auch. Vier Monate lang wollte er täglich Schüler umsonst unterrichten. Und siehe da: Nach vier Monaten sprachen seine Schüler Englisch und Französisch, sie unterhielten sich in diesen Sprachen und parlierten perfekt. Das war die Sensation. Denn das schafften die deutschen Professorengenies nicht in Jahren.

Als ich das las, war ich elektrisiert. Erinnerte ich mich doch an meinen Englischunterricht auf dem Technischen Gymnasium. Der fand ab 1969 drei Jahre lang auf Deutsch statt. Englisch gesprochen haben wir nie. Wir Schüler konnten Tausende von Wörtern, die wurden auch immer und immer wieder abgefragt. Wir waren auch perfekt in englischer Grammatik. Englische Texte wurden gelegentlich laut vorgelesen, meistens aber nur übersetzt. Von lebendiger Sprache keine Spur. Um im Abitur nicht wegen Englisch durchzufallen, ging ich in den Sommerferien 1971 in ein kanadisches Jugendcamp als Betreuer. Dort habe ich sprechen gelernt. Schlichtweg auch, um nicht zu verhungern. Als ich zurückkam, konnte ich als Einziger meiner Klasse fließend Englisch sprechen. Zum Entsetzen meines Englischlehrers bemühte ich mich um einen starken amerikanischen Akzent. Das Englisch-Abi war ein Klacks.

Maximilian D. Berlitz kam am 14. April 1852 als David Berlizheimer in Mühringen bei Horb zur Welt. Seine Familie gehörte in Mühringen zwar zur jüdischen Führungsschicht, aber sein Vater hatte den „armen“ Weg gewählt. Er war Kantor der jüdischen Gemeinde und in den Wintermonaten Lehrer – er war ein buchstäblich „armes Dorfschulmeisterlein“.

Mühringen gehörte vor 1806 nicht zu Württemberg. Es herrschte der Dorfadel und der musste sich nicht an die württembergischen Gesetze halten. Den Juden hatte Eberhard im Barte 1496 verboten, sich in Württemberg anzusiedeln. Dieses Gesetz galt bis 1806. Es zahlte sich für kleine nicht württembergische Dorfadelige aus. Sie erlaubten jüdischen Familien, auf ihrem Besitz zu wohnen und zu arbeiten. Allerdings nicht nur gegen Miete, sondern auch gegen Kopfgeld. Diese sogenannten „Schutzjuden“

wussten also, um was es ging: Konnten sie die jährliche Kopfsteuer nicht bezahlen, drohte die Ausweisung.

Den Berlizheimers war es im 18. Jahrhundert gelungen, von Hausierern zu Kaufleuten aufzusteigen. Davids Onkel stiegen ins Kaufmannsgeschäft ein, Davids Vater Löw wählte einen anderen Weg. Mit 29 Jahren besuchte er das Esslinger Lehrerseminar, übersetzte seinen Vornamen ins Deutsche, nannte sich nun Leopold und fügte dem Familiennamen noch ein „t“ hinzu. Mit der Ausbildung zum Lehrer und Kantor war damals der Weg in die Armut vorprogrammiert. In der jüdischen Gemeinde war man damit zwar hoch angesehen, aber man konnte in den armen kleinen Gemeinden in Württemberg nicht davon herunterbeißen. Leopold Berlitzheimer arbeitete zu Beginn in der kleinen Gemeinde Massenbachhausen. Die Lebensbedingungen, das Klassenzimmer (das war die Wohnstube in der von der Gemeinde zugeteilten Wohnung) waren unwürdig, auch Gehalt gab es nur selten. Es ging nach Mühringen zurück, wo er allerdings auch nicht besser leben konnte. Dort wurden David, sein Bruder und seine Schwester geboren. Vater Leopold, stark kränkelnd, bekam schließlich eine Anstellung in der jüdischen Gemeinde in Markelsheim in Hohenlohe. David war dreizehn Jahre alt, als der Vater dort starb, seine Mutter blieb mit drei Kindern als Witwe dort.

Das Königreich Württemberg hatte in der Zwischenzeit nicht nur das Zunftwesen gegen den erbitterten Widerstand der Handwerksmeister abgeschafft, sondern auch die Juden zu Mitbürgern erklärt. Nun durften sie nicht nur Grundbesitz erwerben und die Handelsfreiheit genießen, auch das Handwerksverbot war aufgehoben. So konnte die Witwe David zu einem Uhrmacher nach Bad Mergentheim zwar in die Lehre geben, musste aber feststellen, dass sie nicht in der Lage war, das Lehrgeld zu bezahlen. Hier halfen nun die jüdischen Gemeinden von Markelsheim und Bad Mergentheim aus. Sie finanzierten Davids Lehre.

Nach der Lehre traf David die Entscheidung, nach Amerika auszuwandern und buchstäblich ein neues Leben anzufangen.

Sein älterer Bruder Isaac war schon vorher ausgewandert. David suchte keinen Kontakt zu ihm. Auch zu seiner später in die USA ausgewanderten Schwester soll er erst sehr spät einen Kontakt aufgebaut haben. Als David am 30. Juni 1870 in New York ankam, hielt er auch keinen Kontakt mehr zu seiner Familie und seiner Gemeinde.

Ihn zog es in die kleine Stadt Westerly im Bundesstaat Rhode Island. Dort wohnten sechs jüdische Familien. David kontaktierte sie nicht. Er arbeitete als Maschinist.

1872 änderte er seinen Namen. Aus David wurde Maximilian. 1874 verkürzte er den Nachnamen in Berlitz. 1876 gab er sich auch noch einen zweiten Vornamen: Delphinius – abgekürzt „D.“.

1872 war er 20 Jahre alt und heiratete die 18-jährige Lillie Bertha Ehlert – eine Protestantin. Als ihre Tochter auf die Welt kam, wurde sie selbstverständlich evangelisch getauft. Maximilian hat immer Kirchen und Gottesdienste gemieden. Seine Familie war aber Teil der evangelischen Gemeinde. Später verkehrte er in Elite-Clubs, die keinen Juden je aufgenommen hätten.

Bei der Recherche über sein Leben wird man den Eindruck nicht los, es mit einem Meister der Selbstvermarktung zu tun zu haben, einem genialen Geschichtenerzähler und einem Spezialisten der Tarnung.

So wie seine jüdische Herkunft nie auffiel, so sehr ist auch im Dunkeln, wie er es zum größten Sprachlehrer aller Zeiten geschafft hat und ein Unternehmen begründete, das heute noch sehr aktiv ist.

Außer Deutsch konnte er nur Hebräisch. Vielleicht noch ein

paar Brocken Französisch – aufgeschnappt auf der Ausreise durch Frankreich, um nach Le Havre auf Schiff zu kommen. 1875 arbeitete er dann als Uhrmacher. Eine Geschichte erzählt, er habe abends Griechisch und Latein unterrichtet. Wo und wann soll er das gelernt haben? Eine andere Geschichte berichtet, dass er Fremdsprachen unterrichtet habe am Theologischen Seminar in der Hauptstadt von Rhode Island, Providence. Alles liegt im Dunkeln und Maximilian hat selbst kräftig dazu beigetragen, dass alles im Dunkeln blieb. Notfalls erzählte er eben noch eine andere Geschichte.

So wie diese: Er sei an einem Uhrmacherladen vorbeigekommen, als ein Uhrmacher dem anderen erklärte, dass eine bestimmte Uhr im Schaufenster nicht verkauft werden dürfe, weil sie kaputt sei und es niemanden gäbe, der sie reparieren könne. Er bot sich an, die Uhr zu reparieren, schaffte das auch und brachte die funktionierende Uhr nach einigen Tagen zurück. Der Uhrmacher war so beeindruckt, dass er Berlitz sofort die Stelle eines Uhrmachers anbot. So erzählte es Berlitz. Das Wunder wäre erklärbar. Drei Jahre handwerkliche Ausbildung in Deutschland müssen ja ihre Spuren hinterlassen haben – besonders damals in den USA.

Jedenfalls zog er mit seiner Familie 1876 nach Providence und arbeitete von nun an als Sprachlehrer am Bryant & Stratton's Commercial College in Providence.

1878 brannte der Direktor des Colleges mit allen Geldern durch und Berlitz stand vor dem Nichts. Nun gründete er seine eigene Schule – Berlitz School of Languages. Da das andere College pleite war, startete er mit über 200 Schülern und musste zusätzliche Lehrer anstellen.

Dabei kam ihm Folgendes zu Hilfe: Die Einwanderer Gottlieb Henness aus Deutschland und Lambert Sauveur aus Frankreich hatten 1869 eine Sprachschule für Deutsch und Französisch in Boston eröffnet. Da sie selber schlecht bis kaum Englisch sprachen, mussten sie anders unterrichten. Dummerweise veröffentlichten sie später detaillierte Bücher über ihre sogenannte „Natural Method". Die Schüler sollten die neue Sprache so lernen, wie kleine Kinder ihre Muttersprache lernen. Die beiden Lehrer zeigten auf Gegenstände, benannten sie in der zu lernenden Sprache und fingen an, kleine, einfache Sätze zu bilden, um sich zu verständigen. Die Schüler machten es genauso.

Berlitz las die Bücher, verfeinerte die Methode und warb in Anzeigen mit seiner neuen, revolutionären „Berlitz Method". Nicht ohne zugleich den Journalisten eine Geschichte zu erzählen.

Am Anfang seiner Tätigkeit als Sprachlehrer sei er sehr krank gewesen. Um sich zu entlasten, habe er einen Franzosen, Nicholas Joly, angeheuert, der in einem New Yorker Hotel als Liftboy arbeitete. Erst nach Unterschrift unter dem Vertrag habe er gemerkt, dass der Franzose gar kein Englisch sprechen konnte. Nur bis zur Zahl Acht habe dieser die englischen Zahlen aussprechen können, außerdem noch „rauf" und „runter". Als Berlitz wieder genesen war, sei er in die Französischklasse gegangen und sicher gewesen, von den Schülern aufs Übelste beschimpft zu werden. Auch würden sie ihr Geld zurückhaben wollen. Aber welch ein Wunder! In der Klasse herrschte beste Stimmung, alle sprachen in einfachen Sätzen Französisch und alle zusammen waren sie weiter als Schüler zur gleichen Zeit bei der Konkurrenz. Nicholas Joly habe konsequent nur Französisch gesprochen, mit Mimik, Gestik und Zeigen auf Gegenstände oder Zeichnungen seien die Worte übersetzt worden, leichte Sätze hätten sich von alleine ergeben. Nicholas Joly gab es wirklich. Er arbeitete bis 1900 als Lehrer bei Berlitz. Dann gründete er seine eigene Schule. Ob er die Geschichte von Berlitz je gehört hat, wissen wir nicht.

Von Berlitz toll erzählt, ist diese Geschichte vermutlich auch erfunden. Aber sie wirkte. Genauso wie Berlitz' Marketingideen:

Anzeigen schalten, Journalisten einladen, Pressekonferenzen geben, überall neue Schulen gründen, die pädagogische Idee als Lizenz verkaufen. Zudem erfand er Karteikarten und andere Materialien, die er seinen Studenten verkaufen konnte. Damit schuf er sich als Verleger ein zweites Standbein. Bücher erschienen auf Französisch, Deutsch, Spanisch, Italienisch, Russisch und Englisch. Und es gab Sonderausgaben für Kinder. Er vergaß auch nicht, jeweils auf der ersten und letzten Seite jedes Buches für die anderen Sprachbücher und Kurse zu werben. Dann spezialisierte er sich auf Kurse für Touristen, Kaufleute, Handwerker und Manager. Und er hielt sich sein ganzes Leben immer streng an eine Regel: Vorauskasse. Erst bezahlen und dann den Kurs antreten. Und unter keinen Umständen das Geld zurückerstatten.

Maximilian D. Berlitz

1885 nahm er die amerikanische Staatsbürgerschaft an. Ab 1880 bereiste er Europa, um sich neue Märkte zu erschließen. Nach Mühringen ist er nie zurückgekehrt.

1900 brachte die Weltausstellung in Paris den internationalen Durchbruch. Er mietete einen eigenen Pavillon auf der Ausstellung und brachte seine französischen Französisch-Lehrer mit. Diese unterrichteten öffentlich zwei Monate lang einfache Handwerker, zumeist Analphabeten aus den französischen Kolonien Benin und Senegal, in Französisch. Der Erfolg war sichtbar, hörbar und überwältigend. Berlitz errang zwei Gold- und zwei Silbermedaillen der Weltausstellung für das beste Unterrichten. Der französische Präsident schlug ihn zum Ritter der Ehrenlegion, eine Ehre, die nicht vielen Amerikanern zuteilwurde.

Hatte er 1883 noch vier Schulen mit 1000 Studenten, waren es 1888 bereits 2750 Studenten. 1900 gab es weltweit 101 Schulen (16 davon in den USA) mit zusammen 31 000 Studenten.

Am 6. April 1921 starb er überraschend nach einem Herzinfarkt. Zusammen mit seiner Frau führte sein Schwiegersohn das Unternehmen weiter. Es existiert noch heute.

Er habe, so erzählte er jedem Journalisten in Europa, außer in Deutschland, 1890 dem deutschen Kaiser Wilhelm II. Englisch beigebracht. Dem russischen Zaren auch, damit der sich mit dem amerikanischen Unternehmer Henry Ford unterhalten konnte. Die Leute waren beeindruckt. Weder der deutsche Kaiser noch der russische Zar wussten vermutlich etwas davon. Wilhelm jedenfalls hatte die Tochter von Königin Victoria als Mutter und war als Kind oft am Hof. Der müsste also perfekt Englisch gesprochen haben – ohne die Mithilfe von Maximilian Delphinius Berlitz. Aber es ist eine tolle Geschichte.

Auf Ehre und Gewissen – ein Handschlag startet ein Weltunternehmen

Johann Jakob Bausch

(25.7.1830–14.2.1926)

Plötzlich war es geschehen. In der Holzwerkstatt, in der Johann Jakob Bausch in Rochester im Bundesstaat New York als Holzdrechsler arbeitete, kam er mit den Fingern der Säge zu nah. Schon waren zwei Finger abgetrennt und der Beruf des Holzdrechslers vorbei. J. J. Bausch, wie er sich in Rochester nannte, stand vor dem Nichts. Wieder einmal, wie er sich eingestehen musste. Er überlegte sich, was er sonst noch konnte. Vergeblich hatte er sich als Optiker versucht. Aus dem Fenster eines Uhrmacherladens heraus (den Fensterplatz musste er extra mieten) versuchte er nun, die damals so beliebten Monokel zu verkaufen. Niemand wollte sie haben. Lag es an der Verkaufsidee? Oder lag es an seinem holprigen Englisch? Oder lag es an den Monokeln? J. J. Bausch überlegte lange und beschloss dann, alles anders zu machen als alle anderen Brillenverkäufer in den USA. Er, der in Rochester aus einer Mietskaserne rausgeflogen war, weil er kein Geld mehr für die Zimmermiete hatte, wurde der Optiker Amerikas.

Johann Jakob Bausch wurde am 25. Juli 1830 als sechstes von acht Kindern in Süßen bei Göppingen geboren. Sein Vater Georg war Bäcker, seine Mutter die Tochter eines Waldarbeiters. Sie starb bereits bei der Geburt des achten Kindes, als Johann Jakob sechs Jahre alt war. Sein Vater war gefühlskalt und muss zwei linke Hände gehabt haben. Die Familie verwahrloste ziemlich und lebte in großer Armut. Johann Jakob war sechzehn Jahre alt, als sein Vater an Typhus starb. Der älteste Bruder Johann Georg war nun das Familienoberhaupt. Er war Holzdrechsler und Optiker. Damals waren die Fassungen der Monokel entweder aus Gold, Silber oder Elfenbein für die Reichen, oder eben aus Horn für die anderen. Falls die sich überhaupt eine Brille leisten konnten und wollten. Die Brillengläser wurden aus Glasbrocken geschliffen. Brauchte jemand eine Brille, wurde so lange nach dem passenden Glas gesucht, bis der Kunde zufrieden war. Meistens war er das schon, wenn er etwas besser sah. Dieses Handwerk lernte Johann Jakob von seinem Bruder.

In Süßen sah er für sich keine Chance, dem Elend zu entfliehen. Für ihn war klar: Entweder fand er sich damit ab, oder er musste fort. Zum Entsetzen der Familie ging er fort. In Bern in der Schweiz fand er eine Anstellung bei einem Optiker. Weil er dessen einziger Angestellter war, musste er jede Arbeit erledigen. Er arbeitete Tag und Nacht, bekam einen Hungerlohn, von dem er nicht leben und schon gar keine Familie unterhalten konnte. In Europa lähmte die Politik des Wiener Kongresses nicht nur das politische und soziale Leben, sondern auch das wirtschaftliche.

Als 1848 die Revolution in Deutschland scheiterte, beschloss Johann Jakob, nach Amerika auszuwandern. Er kehrte nach Süßen zurück, um alle Formalitäten zu regeln, und verließ am 26. April 1849 Süßen mit dem Zug nach Heilbronn. Von dort aus ging es mit dem Schiff erst den Neckar, dann den Rhein hinunter nach Rotterdam. Hier bestieg er den Segler nach Le Havre und von dort aus startete das Segelschiff nach New York. Die Überfahrt war stürmisch. Gekocht wurde auf dem Oberdeck bei jedem Seegang, unter Deck hatte er wie die anderen nur eine Holzkoje. Das Schiff war überfüllt, alle waren seekrank, es stank bestialisch. Einige Passagiere starben auf der Überfahrt.

In New York war es allerdings auch nicht viel besser. Auf der Lower East Side von Manhattan lebten die Deutschen zusammengepfercht in „Little Germany". Bausch wurde empfohlen, sofort weiterzufahren. Er schaffte es bis nach Buffalo, wo er auch wegen seines schlechten Englisch jeden Job annehmen musste. Deutsche Handwerker waren überall gesucht, Brauer auch – Optiker brauchte und suchte niemand. Bausch jobbte als Hilfskoch und als Holzdrechsler. Als solcher arbeitete er für einen deutschen Bettenbauer.

In dieser Zeit heiratete er seine Kinder- und Jugendliebe Barbara Zimmermann. Sie stammte ebenfalls aus Süßen, war das vierte von sechzehn Kinder und lebte in der Nachbarschaft der Bauschs. Die beiden haben schon auf der Straße miteinander gespielt. Auch sie entfloh dem Elend in Württemberg durch Auswanderung. Zusammen bekamen sie später vier Söhne und zwei Töchter. Sie arbeitete als Hausmädchen bei Familien in Buffalo und dann in Rochester.

Nachdem sie im ersten Winter in Buffalo kein Geld hatten und von der Hand in den Mund lebten, borgten sie sich von anderen Deutschen etwas Geld und zogen nach Rochester. Rochester, 120 Kilometer südlich von Buffalo, war eine der ersten amerikanischen Boom-Towns. Grund war der hohe Anteil von gut ausgebildeten Handwerkern aus Süddeutschland und dem Rheinland. Drei Jahre lang schlug sich J. J. Bausch hier durch, meistens als Holzdrechsler. Sie lebten an der Armutsgrenze, meistens darunter.

J. J. Bausch nahm Kontakt zu seinem Bruder in Deutschland auf. Der zahlte ihm das väterliche Erbe aus, so kam etwas Geld ins

Haus, und schickte ihm eine Sammlung von Brillen mit eingebauten Gläsern. In Deutschland war man von den Monokeln zu den Brillen gewechselt. Diese Geschäftsidee griff J. J. Bausch auf. Augenärzte gab es noch keine. Also ging man bei Bedarf zu einem sogenannten Optiker und probierte so lange die Brillen aus, bis man meinte, eine passende gefunden zu haben. Weil sich J. J. Bausch keinen Laden leisten konnte, mietete er, wie erwähnt, wenigstens ein Fenster bei einem Uhrmacher und versuchte, aus dem Fenster heraus zu verkaufen. Niemand kaufte. Und dann geschah das Unglück mit der Säge.

Finanziell überlebt hat er das Unglück nur, weil ihm der Deutsche Turnverein ein Darlehen gab. Typisch deutsch, hatten sich die Einwanderer sofort in Kirchengemeinden und Vereinen zusammengeschlossen. Der wichtigste Verein in Rochester war der Deutsche Turnverein, J. J. Bausch war dort Mitglied. Henry Lomb, geboren in Kassel, war zur gleichen Zeit wie Bausch in die USA ausgewandert und ebenfalls Mitglied im Turnverein. Er war Schreiner und bezeichnete sich als „Cabinetmaker" – er baute also die feineren Möbelstücke mit Intarsien und gedrechselten Beinen. In Bauschs Haus hatte er ein Zimmer gemietet. So wusste er von dem Unfall und unterstützte Busch finanziell.

Bauschs Idee war genau das Gegenteil seiner bisherigen Erfahrungen. Raus aus der Nischenexistenz, hinein ins Rampenlicht, gepaart mit Marketing. In Rochester entstand ein neues Einkaufszentrum, die Reynolds Arcade. Bausch mietete einen Laden. Er bot mehr Brillen an als die Konkurrenz, so dass der Kunde bei größerer Auswahl auch eine größere Chance hatte, eine passende Brille zu finden. In den USA gab es keine Optikerläden. Optiker gab es nur in den Städten, die führten meistens einen Bauchladen auf der Straße. Auf dem Land kaufte man sich seine Brille über Kataloge. Man bekam ein Paket mit ein paar Brillen zugeschickt, suchte sich die aus, mit der man am besten sehen konnte, und sandte die anderen Muster wieder zurück. Eine Beratung gab es nicht. Bei Bausch war das anders. Schon allein wegen des großen Angebots im Laden. Bausch schaltete Anzeigen – zuerst in den deutschen Zeitungen in Rochester, dann auch in den englischen. Neben Brillen verkaufte er auch Lupen, Ferngläser, Mikroskope und Operngläser. Alles bezog er über seinen Bruder aus Deutschland.

Der Anfang war mühsam. Die Geschäftsidee war völlig neu. Die Kunden kamen nur spärlich. J. J. Busch schuldete seinem Bruder in Deutschland Geld. Eigentlich war er pleite. Sein Untermieter Henry Lomb hingegen glaubte an die Geschäftsidee und gab Bausch seine gesamten Ersparnisse in Höhe von 60 Dollar. Das wären heute 1750 Dollar. Dafür musste ihm Bausch versprechen, dass er gleichberechtigter Partner in der Firma würde, sobald sie mal Gewinn abwerfen würde. Die beide besiegelten das mit einem Handschlag. Mehr nicht, kein schriftlicher Vertrag, kein Notar! Die Firma „Bausch & Lomb" arbeitet noch heute profitabel.

Aber damals erst mal nicht. In seiner Verzweiflung arbeitete Bausch als Glaser und ersetzte kaputte Fensterscheiben. Henry Lomb nahm am Bürgerkrieg teil – er kämpfte für die Nordstaaten, und während des Krieges musste Bausch alleine auskommen.

Ihm, der nichts wegwerfen konnte und selbst als Multimillionär noch darauf achtete, dass seine Angestellten unnötiges Licht ausmachten und möglichst jeden Abfall verwerteten, fiel eines Tages ein dunkler Gegenstand auf der Straße auf, der seine Neugierde weckte. Er hob ihn auf und hatte einen künstlich geformten Gummi in der Hand. Es war vulkanisierter Gummi. Durch die Vulkanisierung konnte Gummi in jede gewünschte Form gebracht werden – siehe Autoreifen. Sofort kam ihm die Idee, aus diesem Material Brillengestelle zu machen. Er fand den Hersteller, machte mit ihm einen Liefervertrag und hatte den Schlüssel für seinen späteren Reichtum in der Hand: leichte und sehr preiswerte Brillengestelle. Das war sein Durchbruch.

Johann Jakob Bausch

Dazu kam, dass nach dem Bürgerkrieg die sogenannte Zweite Industrielle Revolution in den USA ausbrach und die Wirtschaft boomte. Zugleich schützten sich die USA mit Zöllen gegen Europa, so dass es sich nicht mehr lohnte, in Europa einzukaufen. Bausch begann sofort mit der eigenen Linsenproduktion. Zudem begann er, Kontakte zu Carl Zeiss, Jena, aufzubauen, und erwarb Lizenzen von dessen Patenten. Seine Söhne und leitenden Angestellten schickte er alle zu Praktika nach Jena und umgekehrt konnte so Carl Zeiss trotz der hohen Zölle auf dem amerikanischen Markt Fuß fassen. Lizenzen waren von den Zöllen nicht betroffen. Bauschs Idee war, das führende deutsche Wissen in der Linsenproduktion mit der amerikanischen Idee der Massenfertigung, Mechanisierung und Automatisierung zu verbinden. Als Henry Lomb aus dem Bürgerkrieg heimkehrte, galt der Handschlag immer noch. Beide waren nun gleichberechtigte Partner, wie versprochen.

Mit ihren Brillen eroberten sie Amerika. Nun konnte sich auch jeder, der sie brauchte, eine Brille leisten. 1866 eröffneten sie ihren ersten Laden in New York. Bis 1903 hatten sie Filialen in Paris, London, Tokio und St. Petersburg eröffnet. 1902 eröffnete ein Verwandter von Lomb die erste deutsche Filiale in Frankfurt.

Als Eastman Kodak seine erste Kamera 1888 auf den Markt brachte mit dem Slogan „Sie drücken den Auslöser, wir erledigen den Rest“, kamen die optische Linse und der Verschluss von Bausch & Lomb. Da die beiden Vorreiter der Automatisierung waren – schon ab 1870 wurden bei ihnen die Linsen von Automaten geschliffen – konnten sie auch Mikroskope zu einem Preis herstellen, den sich alle Studenten leisten konnten. Ihre Kameraverschlüsse waren so gut, dass die führenden deutschen Kamerahersteller der Kaiserzeit ihre Verschlüsse bei ihnen einkauften.

Auch wenn sich J. J. Bausch als Amerikaner fühlte, verlor er doch nie den Anschluss an die deutsche Gemeinde in Rochester. Er war kein Kirchgänger („Church German"), sondern ein „Club German" – er hielt es mit den Vereinen. So war er zwar Mitglied der Salem Evangelical Church, aber häufiger war er im Vorstand des Rochester Turnvereins aktiv. Zur Weihnachtszeit ließ er Weihnachtsbäume an den öffentlichen Plätzen aufstellen, baute an Kindergärten mit (in den USA damals völlig unbekannt) und unterstützte deutsche Schulen und deutsche Zeitungen von 1850 an bis zum Beginn des Ersten Weltkrieges. Er war Mitbegründer der German-American Bank, der Mechanics Saving Bank und des Allgemeinen Krankenhauses in Rochester. Bei allen dreien saß er im Vorstand.

Bausch war ein Workaholic. Noch bis zwei Jahre vor seinem Tod arbeitete er in seiner Gesellschaft, obwohl er bereits um die Jahrhundertwende die Geschäfte an seine Kinder abgetreten hatte. Wenn er jemanden erwischte, der nicht sauber arbeitete, waren seine Ausraster berüchtigt. Er war ein Patriarch wie aus dem Bilderbuch. Gleichzeitig war er für seine Unterstützung berühmt – nicht nur waren seine Löhne und Altersversorgungen gut, er unterstützte auch seine Arbeiter finanziell sehr großzügig, wenn sie in Not gerieten. Ein Patriarch eben.

Bis zu seinem Tode lebte er bescheiden und einfach. Ganz im Gegenteil zu seiner Frau und seinen Kindern. Die genossen nach den vielen Hungerjahren den Reichtum und waren wochenlang gern gesehene Gäste in Baden-Baden. Bausch zahlte ohne Murren und blieb bei seinem Vesperbrett zuhause.

Johann Jakob Bausch starb am 14. Februar 1926. Seinem Sarg folgten seine damals 3000 Arbeiter. Noch kurz vor seinem Tode hatte er mitbekommen, an was sein Sohn und Nachfolger in der Firma experimentierte: an einer Sonnenbrille für Piloten. Sie trug den Namen „Ray Ban". Und sein Enkel sollte einmal die erste Kontaktlinse der Welt aus Kunststoff herstellen.

Bildnachweis

S. 16, 18: Courtesy of the Knoll Archive
S. 31: akg-images
S. 35: von Unbekannt, Public Domain,
https://commons.wikimedia.org/w/index.php?curid=19948547
S. 39: von Hieronymus Köler dem Älteren, gemeinfrei,
https://commons.wikimedia.org/w/index.php?curid=268512
S. 49: von Unbekannt – Maisons Champagne, gemeinfrei,
https://commons.wikimedia.org/w/index.php?curid=69955410
S. 54: Von unbekannt – 100 Jahre Stahlformguss, Bochumer Verein ca. 1952,
PD-alt-100, https://de.wikipedia.org/w/index.php?curid=4489388
S. 63: gemeinfrei
S. 69: gemeinfrei
S. 75: Hubert Ellenrieder, Mindelheim
S. 80: gemeinfrei
https://commons.wikimedia.org/w/index.php?curid=1468331
S. 83: von Andrew Bossi – eigenes Werk. Dieses Panoramabild wurde
mit Autostitch erstellt, CC BY-SA 2.5,
https://commons.wikimedia.org/w/index.php?curid=3569456
S. 89: Public domain, mit freundlicher Genehmigung von Project Gutenberg
S. 95: von E. A. Schwerdtfeger, Berlin – http://www.zeno.org – Zenodot
Verlagsgesellschaft mbH, Gemeinfrei,
https://commons.wikimedia.org/w/index.php?curid=8813965
S. 96: gemeinfrei,
https://commons.wikimedia.org/w/index.php?curid=20993888
S. 97: von unbekannt – Zeitung Die Woche 1911, S. 182, PD-alt-100,
https://de.wikipedia.org/w/index.php?curid=8334551
S. 105: By Bikes&Law – Own work, CC BY-SA 4.0,
https://commons.wikimedia.org/w/index.php?curid=73731669
S. 112: Bausch-Stiftung

Quellenverzeichnis

„German-Americans – A Decisive Factor in America's Success Story", New York 1970

Regelmäßige Veröffentlichungen von GAMHOF, German-American Hall of Fame, New York

Paul Kapff, „Schwaben in Amerika seit der Entdeckung des Weltteils", Hofbuchdruckerei Greiner &Pfeiffer, Stuttgart, 1906

Artikel „Immigrant Entrepreneurship" in Wikipedia

Lernen Sie mehr knitze Schwaben kennen, die in die Welt hinauszogen und erfolgreich Weltbekanntes schufen! Sie werden staunen!

„Unseren Landsleuten zeiget mir's ..." mögen die Pioniere und Erfinder aus Schwaben gedacht haben, die **Jürgen Kaiser** in seinem neuen Buch vorstellt. Sie waren knitz genug in der Welt ihre Ideen und Techniken erfolgreich zu legendären Unternehmungen zu machen.

Zum Beispiel:

Heinrich Beck, Gründer von Beck's – einer der bekanntesten Biermarken der Welt
Carl Lämmle, Der Oberschwabe gilt als Erfinder Hollywoods ...
Conrad Pfizer, Der Ludwigsburger Apothekerlehrling wurde später zum Hersteller von Penizillin

104 Seiten mit vielen Fotos
ISBN 978-3-945369-28-9